Studies in Contemporary Economics

Erwin Amann

Evolutionäre Spieltheorie

Grundlagen und neue Ansätze

Mit 23 Abbildungen

Springer-Verlag Berlin Heidelberg GmbH

PD Dr. Erwin Amann
Wirtschafts- und Sozialwissenschaftliche Fakultät
Lehrstuhl Mikroökonomie
Universität Dortmund
Vogelpothsweg 87
D-44221 Dortmund

Als Habilitationsschrift auf Empfehlung der Wirtschafts- und Sozialwissenschaftlichen Fakultät der Universität Dortmund gedruckt mit Unterstützung der Deutschen Forschungsgemeinschaft.

ISBN 978-3-7908-1207-7

Die Deutsche Bibliothek - CIP-Einheitsaufnahme
Amann, Erwin:
Evolutionäre Spieltheorie : Grundlagen und neue Ansätze / Erwin Amann. - Heidelberg: Physica-Verl., 1999
(Studies in contemporary economics)
ISBN 978-3-7908-1207-7 ISBN 978-3-642-58656-9 (eBook)
DOI 10.1007/978-3-642-58656-9

Ursprünglich erschienen bei Physica-Verlag Heidelberg 1999

Umschlaggestaltung: Erich Kirchner, Heidelberg

SPIN 10724410 88/2202-5 4 3 2 1 0
Gedruckt auf säurefreiem und alterungsbeständigem Papier

Inhaltsverzeichnis

Einleitung

Auch wenn es aus heutiger Sicht beinahe selbstverständlich erscheint, daß ein großer Teil individueller Entscheidungen nicht isoliert betrachtet werden kann, sondern in wechselseitiger Abhängigkeit von Entscheidungen anderer Individuen gesehen werden muß, hat diese Erkenntnis lange Zeit keine wesentliche Auswirkung auf die ökonomische Modellbildung ausgeübt. Erst im Verlauf des 20. Jahrhunderts wurde eine Methode entwickelt, um solche 'strategischen Entscheidungssituationen' zu analysieren. Mittlerweile nimmt diese Analysemethode unter der leicht irreführenden Bezeichnung 'Spieltheorie' jedoch einen bedeutenden Platz in der Wirtschaftstheorie ein. Der Begriff *strategische Entscheidungssituation* bezeichnet eine Entscheidungssituation, in welcher mehrere (Wirtschafts-)Subjekte Entscheidungen in wechselseitiger Abhängigkeit zu treffen haben. Das schließt nicht nur Situationen ein, in denen die Entscheidung eines Individuums Auswirkung auf andere Individuen impliziert, sondern möglicherweise auch Auswirkungen auf deren Entscheidungskalkül als solches ausübt.

Parallel dazu ist auch ein anderer Zweig, deutlich weniger spektakulär, in Erscheinung getreten, welcher die Grundannahme perfekt rationaler Entscheidungen in ökonomischen/Alltags- Entscheidungen in Frage stellt. Insbesondere die Annahme, daß Individuen sich jederzeit der Tragweite aller ihrer Entscheidungen bewusst sind und alle Konsequenzen in ihr Entscheidungskalkül aufnehmen, wurde in Frage gestellt. Nicht zuletzt mit Hilfe von (sozialwissenschaftlichen) Experimenten wurde dann versucht, die Behauptung zu prüfen, ob Individuen tatsächlich ihre erwartete Auszahlung gemäß einem rationalen Kalkül maximieren, und daraufhin teilweise verworfen.

Im vergangenen Jahrzehnt hat sich als Folge dieser Überlegungen und der Erkenntnis, daß die Anforderungen an die Rationalität *aller* Beteiligten in einer "perfekt rationalen" Welt strategischer Interaktion ungemein restriktiv ist, eine Symbiose dieser beiden Forschungsrichtungen herauskristallisiert. Angelehnt an evolutionäre Ansätze aus der Biologie wurde versucht, die Rationalitätsannahme in strategischen Entscheidungssituationen mehr oder weniger abzuschwächen. Mit Hilfe adaptiver Ansätze wurde geprüft, unter welchen Umständen dies zu den selben oder auch zu gegensätzlichen Aussagen führen kann, im Vergleich zur Analyse unter der Annahme perfekter Rationalität.

Die vorliegende Arbeit stellt diese Entwicklung dar. Beginnend mit einer knappen Darstellung der Untersuchungsmethoden interaktiver Entscheidungen unter perfekter Rationalität entwickelt sie adaptive Modelle und beschreibt deren Herkunft. Während jedoch die klassischen evolutionären Ansätze, wie auch die Ansätze der Analyse strategischer Entscheidungen, immer von feststehenden Wahlmöglichkeiten der einzelnen Individuen ausgehen, und innerhalb dieser Auswahlkriterien entwickeln, versuche ich in dieser Arbeit über diesen Ansatz hinauszugehen. Der Grund hierfür liegt darin, daß sich in der Ökonomie nicht nur die Entscheidungen der Individuen ändern, sondern unter Umständen auch die Wahlmöglichkeiten als solche. Dies kann sowohl bewusst als auch unbewusst durch Individuen oder Institutionen geschehen.

Deshalb möchte ich in dieser Arbeit aufzeigen, wie eine solche Veränderung möglicherweise in einen evolutionären Modellrahmen eingebettet werden kann und sich der Raum der Wahlmöglichkeiten endogenisieren lässt. Insofern stellt die Arbeit auch keinen abgeschlossenen Bereich dar, sondern sollte als Ausgangspunkt für weitergehende Forschung gesehen werden.

Kapitel 1

Interaktive Entscheidungstheorie

Ökonomische Entscheidungen betreffen in aller Regel nicht nur das Individuum, welches die Entscheidung trifft, sondern auch weitere ökonomische Subjekte. So hat etwa der Neubau eines Hotelkomplexes durchaus Auswirkungen auf die Gewinnsituation anderer Unternehmen der Branche.

Durch eine Entscheidung ändert sich häufig das Handlungskalkül der anderen Akteure. Reduziert etwa ein Anbieter den Preis für sein Produkt, so können sich andere Anbieter gezwungen sehen, darauf zu reagieren. Ist dies der Fall, so sollten diese Auswirkungen bereits von Anfang an Berücksichtigung finden und die Entscheidung mitbeeinflussen.

Die Akteure in einer sozialen oder ökonomischen Entscheidungssituation handeln also nicht in einer exogen vorgegebenen Situation sondern in einer vom Handeln anderer Akteure abhängigen Umwelt. Die individuell optimale Entscheidung ist nicht mehr nur das Ergebnis eines simplen Optimierungskalküls, sondern abhängig vom Verhalten anderer und benötigt deshalb eine Vorstellung von deren Entscheidungskalkül.

Bereits 1838 hat Cournot solche strategischen Aspekte im Rahmen eines Oligopol-Modells formuliert und nach gleichgewichtigen Verhaltensweisen gesucht. Etwa 100 Jahre später hat der Mathematiker John von Neumann in einer grundlegenden Arbeit[1] begonnen, einen mathematischen Formalismus zu entwickeln, der diese Entscheidungsprobleme darstellen und lösen hilft.

[1] V. Neumann, J. (1928): Zur Theorie der Gesellschaftsspiele, [69]

Sein Ansatz beruht auf der Erkenntnis, daß es erstaunliche Ähnlichkeiten in den Verhaltens- bzw. Entscheidungsmustern von Akteuren in sozialen Entscheidungssituationen und Spielern von Gesellschaftsspielen gibt, in welchen individuelle Entscheidungen – oft unter unvollkommener Information – das Gesamtergebnis bestimmen. Diese Arbeit hat einem ganzen Zweig der (ökonomischen) Entscheidungstheorie den (leicht irreführenden) Namen *"Spieltheorie"* gegeben.

Von Neumann hat diese grundlegende Erkenntnis später gemeinsam mit dem Ökonomen Oskar Morgenstern in dem Werk *Theory of Games and Economic Behavior* ausgearbeitet und insbesondere auf ökonomische Entscheidungssituationen angewendet.

Die wechselseitige Abhängigkeit der eigenen Entscheidung und der Entscheidungen der anderen Akteure erzeugt im Entscheidungsprozeß einen Zirkel von Handlung und Erwartung, der bereits in relativ simplen Entscheidungssituationen zu einer komplexen Struktur führt. Die Frage der Rationalität ist in einer solchen Situation häufig nicht einfach oder geradlinig zu beantworten. Eine Vielzahl von Sozialwissenschaftern, aber auch von Mathematikern und Naturwissenschaftern hat sich mittlerweile diesem Projekt gewidmet. Dabei ist die Spieltheorie[2] zunächst eine normative Theorie, die jedem Akteur in einer interaktiven Entscheidungssituation aufzuzeigen versucht, wie er seine eigenen Interessen am besten verfolgen kann. Diese Entscheidungen müssen natürlich untereinander logisch konsistent sein, so daß sich unter dem so ermittelten optimalen Verhalten aller kein Teilnehmer individuell verbessern kann. Eine solche stabile Situation stellt ein Gleichgewicht dar. Die erste präzise Formulierung eines solchen Gleichgewichtsbegriffs für sogenannte *2-Personen-Nullsummenspiele* findet sich bereits in der Arbeit von Neumanns. Die scheinbar offensichtliche und dennoch geniale Erweiterung dieses Gleichgewichtsbegriffs auf allgemeine Mehrpersonen-Entscheidungssituationen geht auf John Nash (1950) [68] zurück, der damit als Begründer der *Nicht-Kooperativen Spieltheorie* gelten muß und nicht zuletzt deshalb im Jahre 1994 gemeinsam mit J. Harsanyi und R. Selten mit dem Nobelpreis für Ökonomie ausgezeichnet wurde.

Ziel der Spieltheorie ist es also, strategische Entscheidungssituationen zu modellieren, rationales Verhalten zu beschreiben und gegebenenfalls Handlungsanweisungen zu entwickeln[3]. Unter einer *strategischen* Entscheidungssituation

[2] Im Verlauf dieser Arbeit ist mit dem Begriff Spieltheorie immer *nicht-kooperative* Spieltheorie gemeint.

[3] Im folgenden werde ich mich dabei meist auf *Normalformspiele* beschränken.

soll eine Situation verstanden werden, in welcher wenigstens zwei Personen Entscheidungen treffen, die nicht nur den eigenen Erfolg, sondern auch den Erfolg der anderen Beteiligten beeinflußen können. Solche Situationen begegnen uns offensichtlich in vielfältiger Form in Alltagsentscheidungen, insbesondere auch in ökonomischen Entscheidungssituationen.

Um das Rahmenkonzept anschaulicher zu machen, möchte ich dabei zunächst ein Beispiel vorstellen:

Betrachten wir eine Auktion mit zwei Bietern. Jeder der beiden gibt ein Gebot ab und übergibt es, ohne den anderen zu informieren, dem Auktionator. Dieser stellt nun fest, welches der beiden Gebote höher ist, und gibt dem Höchstbieter das Objekt zu dem von ihm genannten Preis.

Die eben geschilderte Situation stellt offensichtlich ein strategisches Entscheidungsproblem dar: Das Verhalten einer Person kann nicht nur den eigenen Erfolg der Handlung beeinflussen, sondern auch den des Gegenspielers. Somit muß dieser in sein eigenes Handlungskalkül die Entscheidung des ersten – bzw. das, was er als dessen Entscheidung erwartet – berücksichtigen.

Um diese Entscheidung des anderen 'vorherzusagen' und damit eine sinnvolle Entscheidungsgrundlage für den Bieter anzubieten, benötigt man jedoch neben gewissen Informationen (etwa über die Bewertung des zu ersteigernden Objektes durch den Mitbieter) auch eine Hypothese über dessen Entscheidungsverhalten. Genau diese beiden Aspekte (die Prognose über die erwartete Entscheidung der anderen Beteiligten und die daraus abgeleitete optimale eigene Entscheidung) sollen in der *Spieltheorie* allgemein und in dieser Arbeit im besonderen thematisiert werden.

Ausgehend von der Beschreibung des *Homo Ökonomikus* soll hierbei analysiert werden, inwiefern sich individuelles Entscheidungsverhalten (in einer vorgegebenen 'statischen' Umgebung) auf strategische Entscheidungssituationen verallgemeinern lässt.

1.1 Homo Ökonomikus

Der Homo Ökonomikus ist der Prototyp des rational handelnden Individuums. Er soll in jeder Entscheidungssituation eine (eindeutige) optimale Entscheidung treffen. Dazu muß zunächst ein Bewertungskriterium für alle möglichen Alternativen entwickelt werden: Eine solche Präferenzstruktur muß – um einem rationalen Entscheidungskalkül zugänglich zu sein – *vollständig* und *transitiv* sein.

Eine Präferenzstruktur heißt vollständig, wenn für jedes Paar von Alternativen (A, B) (wenigstens) eine der beiden Aussagen zutrifft:

$$A \succeq B \qquad (A \text{ ist nicht schlechter als } B)$$

oder $$B \succeq A$$

(Gilt sowohl $A \succeq B$ als auch $B \succeq A$ so ist das Individuum indifferent zwischen den beiden Alternativen.)

Eine Präferenzstruktur heißt transitiv, wenn für jedes Tripel von Alternativen (A, B, C) mit $A \succeq B$ und $B \succeq C$ gilt: $A \succeq C$ (d.h. paarweise Entscheidungen können konsistent fortgesetzt werden).

Kann man gemäß dieser Annahmen alle möglichen Alternativen linear ordnen, so kann man diesen Alternativen mit geringem Aufwand auch Zahlen zuordnen, den *Nutzen u*, den die jeweilige Alternative dem Individuum stiftet. Von Neumann und Morgenstern versuchten nun, mit Hilfe von *Lotterien* verschiedene Nutzenniveaus untereinander vergleichbar zu machen:

Jede Kombination zweier unterschiedlich bewerteter Alternativen A und B, welche darin besteht, daß mit einer gewissen Wahrscheinlichkeit (α) die eine Alternative realisiert wird, mit der Gegenwahrscheinlichkeit (1-α) die andere, wird aus Sicht des Individuums auch zwischen den reinen Alternativen gereiht werden. Variiert man nunmehr die Wahrscheinlichkeit α, so erhält man eine kontinuierliche Menge von Alternativen, die mit allen anderen, zwischen diesen Alternativen gereihten möglichen Zuständen verglichen werden können. Ordnet man den Alternativen den entsprechenden (Erwartungs-) Nutzen $(\alpha \cdot u(A) + (1 - \alpha) \cdot u(B))$ zu, so erhält man die nach den beiden Autoren benannte *von Neumann-Morgenstern-Nutzenfunktion*. Diese Nutzenfunktion ermöglicht nun, auch unter Unsicherheit optimale Entscheidungen zu formulieren.

Die Rationalitätshypothese besagt nun, daß der Homo Ökonomikus in jeder Entscheidungssituation die gemäß seiner individuellen Präferenzstruktur beste Alternative unter allen für ihn möglichen auswählt, im Zusammenhang mit einem von Neumann-Morgenstern-Nutzen diejenige Alternative, welche den höchsten Erwartungsnutzen stiftet.

Kehren wir zurück zum Beispiel der Auktion. Jeder Teilnehmer wählt (simultan) ein Gebot G_i. Die möglichen Realisationen der Auktion sind durch Paare von Geboten (G_1, G_2) gegeben, welche die Alternativen bestimmen:

1. Bieter i erhält das Objekt und bezahlt sein Gebot oder

2. Bieter i erhält das Objekt nicht und bezahlt nichts.

Eine mögliche Nutzenfunktion (allerdings keineswegs die einzige) in Bezug auf die Bewertung des Ergebnisses der Auktion für den Bieter i $(i = 1, 2)$ wäre:

$$u_i = \begin{cases} V_i - G_i & \text{falls Bieter } i \text{ das Objekt erhält und Gebot } G_i \text{ bezahlt,} \\ 0 & \text{sonst,} \end{cases}$$

wobei V_i die (subjektive) Bewertung des Objektes (in Geldeinheiten) durch den Bieter i sei. Der Bieter wäre also in dieser Situation *risikoneutral* und seine Bewertung unabhängig von seinem (ex post) Vermögen.

1.2 Strategische Entscheidung – Ein Spiel

Um eine strategische Entscheidungssituation in einem formalen Modell (als *Spiel*) darzustellen, müssen zunächst die dabei Beteiligten identifiziert werden. Sie sollen im weiteren als *Spieler* bezeichnet und mit Zahlen $(1, 2, \ldots, n)$ belegt werden. Für jeden Spieler muß sein Handlungsspielraum bestimmt werden (in der Auktion wäre dies jedes zulässige Gebot im Rahmen des individuellen Budgetrahmens). Jede einzelne mögliche Handlung wird als (*reine*) Strategie (s_i) bezeichnet, der Strategienraum insgesamt mit S_i. Jedes Strategientupel $(s_i)_{i=1}^n$ – das eine konkrete Strategie für jeden Teilnehmer spezifiziert – ergibt einen dadurch bestimmten *Spielverlauf*, dem ein Ergebnis (*Auszahlung*) für jeden Spieler zugeordnet wird $(u(s) = (u_i(s))_{i=1}^n)$, z.B. sein jeweiliger (Erwartungs-) Nutzen.

Diese Grundstruktur muß allen Teilnehmern bekannt sein (*common knowledge*). Dies umfaßt auch das Wissen, daß allen Spielern bekannt ist, daß dies bekannt ist etc. Allerdings ist es durchaus zulässig, daß ein Teil der Information nur unvollkommen ist, worauf ich in einem späteren Teil der Arbeit noch genauer eingehen werde.

Ein Spiel / kann somit als Tripel $G = (I, S, U)$[4] dargestellt werden, wobei $I = \{1, \ldots, n\}$ die Spieler, $S = \prod_i S_i$ die Strategienmenge und $U : S \to \mathbb{R}^n$ die Auszahlungsfunktion darstellen. Ein solches Tripel nennt man die

[4]Im folgenden werde ich die Funktion mit Großbuchstaben, den Funktionswert hingegen mit Kleinbuchstaben kennzeichnen.

Normalform des Spiels, eine solchermaßen formulierte strategische Entscheidungssituation heißt *Normalformspiel*[5].

Im weiteren unterstellen wir, daß die Anzahl (reiner) Strategien für jeden Spieler endlich ist und jeder Spieler sich vorab (simultan mit allen anderen) auf eine Strategie aus seiner Strategienmenge festlegt. Diese Annahme ist weniger restriktiv als sie scheint und umfaßt auch durchaus Sitationen die in ihrer Realisierung einen sequentiellen Charakter aufweisen. Es bedeutet jedoch, daß jeder Spieler sich bereits vor dem Spiel für eine Aktion für jede mögliche Entwicklung des Spiels entscheidet. Die tatsächlich gewählte Aktion wird aber in der Regel abhängig von allen Informationen sein, die er bis zu ihrer Wahl erhalten kann. Der Spieler muß daher keine Erwartungen bilden welche Aktionen die anderen Spieler bis zu dem Zeitpunkt wählen werden, sondern muß alle möglichen Spielverläufe in seine Überlegung miteinbeziehen, seien sie noch so unwahrscheinlich.

Diese Annahme ist für übersichtliche Entscheidungssituationen relativ unproblematisch, in komplexen Entscheidungsproblemen kann sie jedoch schnell die menschliche (oder technische) Kapazität übersteigen.

1.3 Gleichgewicht

Ziel eines jeden Spielers ist es, seine Auszahlung zu maximieren, wobei wie oben bereits gesagt, das Verhalten der Gegenspieler berücksichtigt werden muß. Dies soll zunächst an drei einfachen Beispielen dargestellt werden: Das erste ist mittlerweile vielleicht das am häufigsten zitierte Spiel, bekannt unter dem Namen "Gefangenendilemma"[6].

In der ursprünglichen Formulierung dieses Entscheidungsproblems – von der sich auch der Name ableitet – waren die beiden Spieler Verdächtige, denen im Verhör zwei Alternativen offenstanden: zu leugnen (a) oder den Mitbeschuldigten zu belasten (b).

An dieser Stelle soll stattdessen eine ökonomische Interpretation dieses Entscheidungsproblems gegeben werden:

[5]Möchte man den zeitlichen Ablauf einer solchen Entscheidungssituation in der Modellierung berücksichtigen, so wählt man häufig eine alternative Darstellung, die der Extensivform (siehe Kapitel 1.6).

[6]Luce und Raiffa (1957), p. 95 [60]

Beispiel 1.1 *Zwei Personen planen ein gemeinsames Projekt. In der Durchführung gebe es zwei mögliche Verhaltensmuster: Man kann sich dem Projekt zur Gänze widmen (a), um den Erfolg zu sichern. Andererseits kann man sich auch halbherzig dafür einsetzen (b) und dabei hoffen, daß der Partner den Erfolg sicher stellt. Verhalten sich beide Partner kooperativ ($s_1 = s_2 = a$) so teilen sie sich den realisierten Überschuß zu gleichen Teilen ($u_1(a,a) = u_2(a,a) = 3$). Bemüht sich einer der beiden nicht in effizienter Weise ($s_i = a, s_j = b$), so wird der gesamte Überschuß geringer. Da sich Person i jedoch in vollem Umfang bemüht hat, Person j jedoch nur an den Lorbeeren beteiligt ist, entsteht eine Ungleichheit in der Auszahlung ($u_i = 1, u_j = 4$). Verhalten sich schließlich beide nicht-kooperativ ($s_1 = s_2 = b$), so wird das insgesamt schlechteste Ergebnis erzielt ($u_1(b,b) = u_2(b,b) = 2$).*

Diese Auszahlungsstruktur kann in Form der nachfolgenden Tabelle dargestellt werden:

		Person 2: a	Person 2: b
Person 1	a	3, 3	1, 4
	b	4, 1	2, 2

Welches Verhaltensmuster kann man in einer solchen Situation erwarten, wenn jeder der beiden Partner ausschließlich am eigenen Erfolg orientiert ist?

Wie bereits gesagt, sei unterstellt, daß beide vorab ihre Entscheidung fällen. Versetzt man sich in die Lage eines der beiden, so kann dieser zwei mögliche Verhalten seines Partners erwarten: Unterstellt er, daß dieser kooperativ handelt, so ist es für ihn selbst optimal nicht-kooperativ zu handeln, da er sich damit die maximale Auszahlung ($u_i = 4$ anstelle $u_i = 3$) sichern kann. Handelt der andere nicht-kooperativ, so kann er selbst ebenfalls durch nicht-kooperatives Verhalten seine eigene Auszahlung maximieren ($u_i = 2$ anstelle $u_i = 1$). Da dieselbe Argumentation auch vom anderen Spieler geführt wird, wird sich nicht-kooperatives Verhalten unter der Annahme rational handelnder Akteure als *Gleichgewicht* einstellen.

Eine Strategie, die – wie in der obigen Situation – unabhängig vom Verhalten aller anderen Spieler optimal ist, heißt *dominante Strategie*, ein Spiel, welches für jeden Spieler eine dominante Strategie besitzt, dominant lösbar.

In der Regel sind strategische Entscheidungssituationen jedoch gerade dadurch ausgezeichnet, daß die optimale Entscheidung vom Verhalten anderer Spieler abhängt. Um dennoch eine Verhaltensempfehlung zu geben, soll der Dominanzbegriff verallgemeinert werden:

Bezeichnen wir mit z_{-i} einen Vektor mit jeweils einer Strategie für jeden Spieler mit Ausnahme des Spielers i, so heißt eine Strategie x_i *schwach dominiert*, falls es eine Strategie y_i gibt, so daß $u_i(y_i, z_{-i}) \geq u_i(x_i, z_{-i})$ für alle Strategientupel z_{-i} gilt, wobei die Ungleichung wenigstens in einem Falle strikt gelte. Eine Strategie dominiert eine andere strikt, wenn obige Ungleichung immer strikt gilt.

Eine Annahme der nicht-kooperativen Spieltheorie ist, daß ein Spieler niemals eine strikt dominierte Strategie wählt (dies folgt aus der Rationalitätsannahme), und deshalb auch von den Mitspielern ausgeschlossen wird, daß eine solche Strategie jemals verwendet wird. Eine strategische Situation sollte sich also nicht ändern, wenn wir eine strikt dominierte reine Strategie aus der Strategienmenge streichen. Damit können sich aber in dem veränderten Spiel neue Dominanzen ergeben. Führen wir diesen Ansatz wiederholt durch, so definieren wir eine reine Strategie s_i als *nicht iteriert strikt dominiert*, wenn sie nicht strikt dominiert im ursprünglichen Spiel ist, und auch nicht strikt dominiert ist, wenn wir sukzessive alle strikt dominierten Strategien aus dem Strategienraum streichen. Endet in einem Spiel dieser Prozeß erst, wenn für jeden Spieler nur noch eine reine Strategie übrig ist, so nennen wir dieses Spiel *iterativ strikt dominant lösbar*.

Beispiel 1.2 *Zwei Unternehmen produzieren ein homogenes Gut zu identischen, konstanten Grenzkosten c und stehen auf einem Markt mit linearer Nachfrage in Preiswettbewerb. Es sei* $x^D = 5-p$, $c = 0$, $p_i \in S_i = \{1,2,3,4\}$. *Damit ergibt sich folgende Gewinn- bzw. Auszahlungsstruktur, wenn unterstellt wird, daß bei identischen Preisen jedes Unternehmen jeweils zur Hälfte den Markt, bei unterschiedlichen Preisen der billigere Anbieter den ganzen Markt bedient:*

		Unternehmen 2			
		1	*2*	*3*	*4*
Unternehmen 1	*1*	*2, 2*	*4, 0*	*4, 0*	*4, 0*
	2	*0, 4*	*3, 3*	*6, 0*	*6, 0*
	3	*0, 4*	*0, 6*	*3, 3*	*6, 0*
	4	*0, 4*	*0, 6*	*0, 6*	*2, 2*

Es ist leicht ersichtlich, daß in dieser Entscheidungssituation $p_i = 4$ *durch* $p_i = 1$ *strikt dominiert ist. Eliminieren wir diese Möglichkeit für beide Spieler, so ist im reduzierten Spiel* $p_i = 3$ *durch* $p_i = 1$ *strikt dominiert. Im weiter reduzierten Spiel ist die Strategie* $p_i = 1$ *für beide Unternehmen strikt dominant und sollte somit aus spieltheoretischer Sicht auch immer in obiger Entscheidungssituation gewählt werden.*

In der Regel sind Spiele auch nicht iteriert dominant lösbar. Um dennoch einen Begriff für Stabilität in einem solchen Entscheidungsproblem zu finden, führen wir den Begriff der *besten Antwort* ein:

Sei z_{-i} wie oben formuliert ein Vektor, der für alle Spieler mit Ausnahme von Spieler i eine konkrete Strategie bestimmt. Eine Strategie x_i ist dann beste Antwort auf eine Strategie z_{-i}, falls keine andere Strategie von Spieler i für ihn eine höhere Auszahlung liefert, vorausgesetzt alle anderen Spieler halten an der vorgegebenen (durch z_{-i} bestimmten) Strategie fest.

Es ist unmittelbar einsichtig, daß eine beste Antwort niemals strikt dominiert sein kann. Die Rationalitätsanforderung der Spieltheorie setzt jedoch nicht nur voraus, daß ein Spieler eine optimale Wahl für eine beliebige Erwartung in Bezug auf sein Gegenüber trifft, sondern auch die Erwartungen rational sind, indem unterstellt wird, daß auch der Gegenspieler entsprechend rational handelt. Der Begriff 'beste Antwort' ermöglicht damit einen stabilen Zustand in einer strategischen Entscheidungssituation zu charakterisieren:

Ein Strategientupel (z) heißt *Nash-Gleichgewicht,* falls für jeden Spieler die durch dieses Strategientupel festgelegte Strategie z_i beste Antwort auf die entsprechend durch (z) festgelegten Strategien aller Mitspieler ist.

Der Zustand eines Nash-Gleichgewichtes ist somit stabil in dem Sinne, daß sich kein Spieler individuell durch irgendein anderes Verhalten besser stellen kann.

Während der Begriff *dominante Strategie* jedoch unabhängig vom Verhalten der Mitspieler ist, hängt der Begriff *beste Antwort* bzw. *Nash-Gleichgewicht* wesentlich davon ab, welches Verhalten den Mitspielern unterstellt wird. Ja bereits der oben erwähnte Begriff der iterativen Dominanz geht über die einfache Annahme, daß jeder Spieler rational handelt (d.h. seine erwartete Auszahlung maximiert) hinaus, unterstellt er doch auch, daß jeder Spieler weiß, daß alle anderen ebenso rational handeln, daß alle wissen, daß alle wissen daß alle rational handeln ... etc.

Sowohl das Wissen um die konkrete Entscheidungssituation, als auch das Wissen um die Rationalität aller Mitspieler muß somit allen Beteiligten bekannt sein, ja mehr noch es muß einem prinzipiell unendlichen Regress im obigen Sinne folgen. Dieses Phänomen ist von D. Lewis (1969) als *"common knowledge"* bezeichnet worden, und soll am Ende dieses Kapitels noch eingehender beschrieben werden.

1.4 Problematik des Gleichgewichtsbegriffes

Ein Nash-Gleichgewicht stellt einen stabilen Zustand in einer interaktiven Entscheidungssituation dar. Gibt also ein Unbeteiligter allen Spielern eine Nash-Gleichgewichtsstrategie als Verhaltensempfehlung, so wird keiner einen Anreiz haben, davon abzuweichen. Es stellt sich jedoch in diesem Zusammenhang die Frage, wer – als Koordinator – diese Gleichgewichtsstrategien vorgeben soll. Sind alle Spieler perfekt rational (die "common knowledge"-Annahme sei erfüllt), so können wir wohl erwarten, daß nur Nash-Gleichgewichtsstrategien sich als Verhaltenshypothese eignen. Gibt es genau ein Nash-Gleichgewicht, so könnte man unterstellen, daß genau aus diesem Grund perfekt rationale Individuen dieses wählen. Diese *Eindeutigkeit* ist jedoch in der Regel nicht erfüllt, wie etwa das folgende Beispiel zeigt:

Beispiel 1.3 *Zwei Unternehmen planen die Einführung einer neuen Compact-Kassette. Es gebe zwei mögliche Technologien* (t_1, t_2). *Aus Kompatibilitätsgründen können sie einen höheren Gewinn realisieren, wenn sie sich auf die selbe Technologie einigen. Allerdings habe das eine Unternehmen bereits Vorleistungen für die eine Technologie, das andere für die andere Technologie geleistet. Unterstellen wir die folgende Auszahlungsstruktur, so gibt es offensichtlich zwei gleichgewichtige Zustände* (t_1, t_1) *und* (t_2, t_2).

		Unternehmen 2: t_1	Unternehmen 2: t_2
Unternehmen 1	t_1	2, 1	0, 0
	t_2	-1, -1	1, 2

Man steht in dieser Situation somit vor einem Koordinationsproblem. Die Rationalitätsannahme allein führt hier zu keiner (eindeutigen) Lösung.

1.5 Gemischte Strategien

Ein weiteres Problem dieses Gleichgewichtsbegriffs besteht darin, daß in vielen Situationen *kein* solches Gleichgewicht existiert. Unterstellen wir etwa folgendes (Diskoordinations-) Problem:

Beispiel 1.4 *Zwei Unternehmen, der Marktführer und ein potentieller Konkurrent, planen die Einführung eines neuen Produktes. Es gebe zwei mögliche Varianten, welche untereinander nicht kompatibel sind. Der Konkurrent muß nun, um überhaupt eine Möglichkeit zu haben, in den Markt einzudringen, das System des Marktführers wählen. Umgekehrt hat der Marktführer ein Interesse, seine Monopolstellung aufrecht zu erhalten, und zieht es daher vor, das jeweils entgegengesetzte System zu etablieren. Die Auszahlungsstruktur sei durch die folgende Matrix gegeben:*

		Konkurrent *a*	Konkurrent *b*
Marktführer	*a*	*4, 2*	*8, 0*
	b	*8, 0*	*4, 2*

Aus obiger Struktur wird offensichtlich, daß es keine Verhaltensempfehlung geben kann, welche die geforderte Stabilitätseigenschaft aufweist. Da beide Spieler gerade entgegengesetzte Interessen verfolgen, bedeutet die beidseitige Information über das Verhalten des Mitspielers, daß jeweils einer der beiden ein Interesse besitzt, von diesem Verhalten abzuweichen.

Dieses Problem lässt sich allerdings dadurch beheben, daß das tatsächliche Verhalten des Gegenspielers gerade nicht vorhergesagt werden kann: Erachtet jeder der beiden Spieler es für gleich wahrscheinlich, daß der Gegenspieler a bzw. b wählt, so ist er selbst indifferent zwischen den beiden Strategien. Dies bedeutet, er kann ebenso gut eine Münze werfen und sich je nach Ergebnis für die eine oder die andere Strategie entscheiden. Damit wird aber genau die Erwartung bestätigt, daß jede der beiden Strategien gleich wahrscheinlich sind, und keiner der beiden hat einen Anreiz, seine Entscheidung, wie immer sie ausgefallen ist, zu revidieren. Eine solche, durch einen (beliebigen) Zufallsprozeß gebildete 'Strategie' nennt man auch eine *gemischte Strategie*. Eine gemischte Strategie ist allgemein durch eine Wahrscheinlichkeitsverteilung $p_i(s_i)$ über allen reinen Strategien s_i des Spielers i gegeben.

In einem solchen Spiel mit dem durch alle möglichen gemischten Strategien erweiterten Strategieenraum ergibt sich die Auszahlung (gemäß dem *von-Neumann-Morgenstern–* Nutzenkonzept) als der Erwartungswert aller Auszahlungen möglicher Ergebnisse des Spiels, gewichtet mit den entsprechenden Wahrscheinlichkeiten:

$$\tilde{u}_i(p) := \sum_s \left[\prod_j p_j(s_j) \right] \cdot u_i(s).$$

Hierbei beschreibt $\prod_j p_j(s_j)$ die Wahrscheinlichkeit, daß in einem konkreten Spielverlauf die Strategienkombination s realisiert wird, wenn die Spieler die gemischten Strategie $p = (p_j)_{j=1}^n$ spielen. Lässt man gemischte Strategien auch im vorangegangenen Beispiel 1.3 zu, so zeigt sich, daß noch ein drittes Gleichgewicht existiert: Wählt Unternehmen 1 mit Wahrscheinlichkeit $p_1 = 3/4$ die Strategie t_1 und mit der Gegenwahrscheinlichkeit $1 - p_1 = 1/4$ die Strategie t_2 ($s_1 = (3/4, 1/4)$) sowie Unternehmen 2 symmetrisch dazu $s_2 = (1/4, 3/4)$, so hat keines der beiden Unternehmen eine Möglichkeit, sich einseitig durch die Wahl einer anderen Strategie zu verbessern. Damit ergibt sich eine erwartete Auszahlung für beide Unternehmen von $\tilde{u}_1 = \tilde{u}_2 = 1/2$.

Ein solches Gleichgewicht in gemischten Strategien hat eine wichtige Eigenschaft. Jede reine Strategie, welche im Gleichgewicht mit positiver Wahrscheinlichkeit gewählt wird, ist jeweils für sich genommen beste Antwort (auf die Gleichgewichtsstrategie des/der Gegenspieler). Dies bedeutet insbesondere, daß diese reinen Strategien jeweils die selbe erwartete Auszahlung liefern. Dies liegt am

Lemma 1.1 (*Fundamentallemma* der Spieltheorie:) Eine gemischte Strategie q_i ist genau dann eine beste Antwort auf q_{-i}, falls alle reinen Strategien s_i, welche in q_i mit positiver Wahrscheinlichkeit gewählt werden, eine beste Antwort auf q_{-i} sind.

Häufig wird angezweifelt, ob Individuen tatsächlich solche gemischten Strategien wählen. Dies anzunehmen ist aber auch gar nicht notwendig. Die Stabilitätseigenschaft kann einzig und allein dadurch realisiert werden, daß der Gegenspieler eine solche Wahrscheinlichkeitsverteilung unterstellt. In Beispiel 1.4 würde dies bedeuten, daß beide Teilnehmer jede der beiden reinen Strategien für gleich wahrscheinlich halten. Das heißt, es gibt keinerlei Veranlassung, die eine oder die andere Alternative zu bevorzugen (siehe dazu auch Kapitel 1.9).

Die Formulierung eines Spiels mit gemischten Strategien löst nun tatsächlich das oben angesprochene Existenzproblem. Lässt man gemischte Strategien zu, so kann die Existenz eines Nash-Gleichgewichtes in jedem endlichen Normalformspiel (d.h. in einem Normalformspiel mit endlich vielen reinen Strategien) sichergestellt werden (siehe Nash [68]). Dies bedeutet jedoch nicht, daß damit tatsächlich bereits in jeder solchen Entscheidungssituation das Auswahlproblem gelöst ist, da es durchaus – wie oben gesehen – mehrere Gleichgewichte geben kann.

1.6 Extensive Form

In der vorangegangenen Analyse wurden die Handlungsmöglichkeiten als Strategien formuliert. Dem Gleichgewichtsbegriff wurde eine Struktur vorgegeben, als ob sich die Spieler bereits vor dem Spiel auf eine Strategie festlegten. Die *Normalform* ist insbesondere dann angebracht, wenn die Spieler lediglich *eine* Entscheidung zu treffen haben und diese Festlegung unabhängig von den Mitspielern erfolgt. Häufig sind in strategischen Entscheidungssituationen jedoch mehrere unabhängige Entscheidungen zu treffen, und/oder man kann "Züge" der Mitspieler beobachten. Das Spiel weist also eine zeitliche Struktur auf, welche in der Normalform nicht explizit berücksichtigt wird.

Eine mögliche Darstellung der *extensiven Form*, die auch die zeitliche Abfolge der Züge berücksichtigt, ist der *Spielbaum*. Der Spielbaum besteht aus einer Anzahl von Entscheidungsknoten, denen jeweils ein Spieler, sowie die diesem Spieler an dieser Stelle möglichen Züge (Aktionen) zugeordnet werden. Der (eindeutig definierte) Ausgangsknoten definiert somit, welcher Spieler den ersten Zug tätigt. Jeder möglichen Aktion eines Spielers – dargestellt durch einen Ast des Baumes (eine Kante) – an einem Entscheidungsknoten folgt wiederum ein Knoten. Dieser kann entweder ein neuer Entscheidungsknoten oder auch ein Endpunkt sein, welcher das Spielende und mit diesem Ende die Auszahlung für alle Spieler (gemäß dem Spielverlauf) definiert.

Ein Entscheidungsknoten kann aber wiederum als Ausgangspunkt eines Spiels gesehen werden, das mit dem ursprünglichen Spiel ab diesem Knoten völlig identisch ist, insbesondere die selben (diesem Entscheidungsknoten nachgeordneten) Endpunkte mit den selben Auszahlungen aufweist. Ein solches Spiel nennt man *Teilspiel* des ursprünglichen Spiels.

Ein Spielbaum ist somit ein zusammenhängender gerichteter schleifenloser "Graph", dessen Wurzel den Ausgangspunkt des Spiels, und dessen Endpunkte das Ende des Spiels definieren. Ein Teilspiel ist ein Teil des Graphen, der selbst wiederum ein Spielbaum ist.

So kann etwa das Gefangenendilemma (siehe S.8) mit einer zeitlichen Struktur verbunden werden: Ist beispielsweise Person 1 gezwungen sich als erster auf eine der beiden Aktionen (a oder b) festzulegen, und kann Person 2 diese Aktion beobachten, so ergibt sich folgende Extensivform:

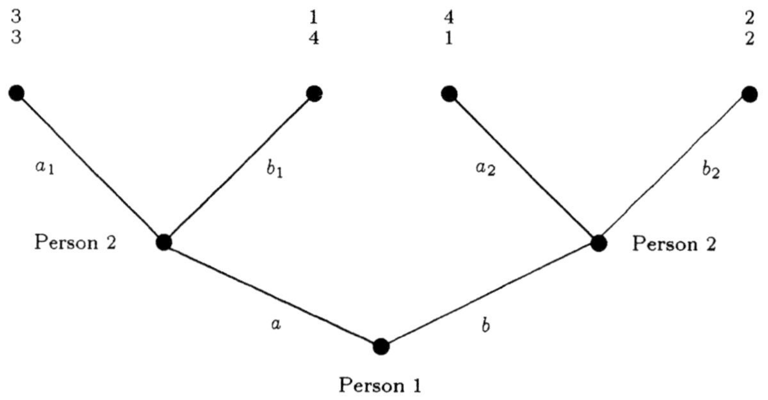

Dabei wird deutlich, daß nun die Aktionen a_1 und a_2, welche beide für kooperatives Verhalten stehen, nicht mehr identisch sind, da dies im ersten Fall auf kooperatives Verhalten des Mitspielers, im letzteren auf nicht-kooperatives Verhalten folgt. Spieler 2 kann sein Verhalten nun also abhängig vom Verhalten des Spielers 1 wählen. Dies bedeutet, daß eine *Strategie* in einem extensiven Spiel *jedem* Entscheidungsknoten des Spielers eine Aktion zuordnet.

In obigem Beispiel entspricht dies auch einer veränderten Normalform, da Person 2 nun insgesamt vier mögliche Strategien zur Auswahl stehen, nämlich zwei Handlungsmöglichkeiten für jede der beiden möglichen Entscheidungen von Spieler 1 ((a_1, a_2), (a_1, b_2), (b_1, a_2), (b_1, b_2)).

Normalform des extensiven Spiels:

		PERSON 2			
		a_1, a_2	a_1, b_2	b_1, a_2	b_1, b_2
PERSON 1	a	3, 3	3, 3	1, 4	1, 4
	b	4, 1	2, 2	4, 1	2, 2

Eine Strategie in einem Normalformspiel nimmt somit vorweg, welche Entscheidung der Spieler in jedem seiner Entscheidungsknoten treffen wird. Diese Überlegung ist vor allem für Spieler 1 entscheidend, da seine eigene Entscheidung wesentlich von der Wahl von Spieler 2 abhängt. Und dessen Entscheidung kann tatsächlich unterschiedlich ausfallen, wenn er die Entscheidung von Spieler 1 beobachten kann.

An dieser Stelle könnte man einwenden, daß sich ein Spieler möglicherweise nicht vor dem Spiel für *alle* seine Entscheidungsknoten bereits eine Entscheidung zurechtlegt. Möglicherweise überlegt er sich lediglich die Entscheidungen in den unmittelbar folgenden, oder den aus seiner Sicht relevantesten Entscheidungsknoten. Auf diesen Punkt werde ich im folgenden noch genauer eingehen (siehe Abschnitt 1.10). Zudem wird der Strategienraum in einem Spiel mit mehreren Entscheidungen rasch sehr komplex, insbesondere wenn man auch gemischte Strategien zulässt. Hier helfen jedoch zwei Vereinfachungen.

Die erste betrifft die Beschreibung von Strategien. Statt den vollständigen Strategienraum zu beschreiben, wie etwa in der entsprechenden Normalform des extensiven Spiels, kann man äquivalent dazu auch das Verhalten in jedem Entscheidungsknoten getrennt beschreiben. Die Erleichterung einer solchen Beschreibung, die auch als *Verhaltensstrategie* bezeichnet wird, erkennt man vor allem bei der Formulierung gemischter Strategien, etwa in obigem Beispiel:

Spieler 2 hat vier mögliche reine Strategien $((a_1, a_2), (a_1, b_2), (b_1, a_2), (b_1, b_2))$. Die gemischte Strategie (p_1, p_2, p_3, p_4), die jeder dieser reinen Strategien eine Wahrscheinlichkeit zuordnet, kann äquivalent durch zwei Wahrscheinlichkeiten, eine für jeden Entscheidungsknoten, ausgedrückt werden: $q_1 = p_1 + p_2$ ist die Wahrscheinlichkeit a_1 zu wählen, $q_2 = p_1 + p_3$ ist die Wahrscheinlichkeit a_2 zu wählen.

Die zweite Vereinfachung betrifft die Analyse des Spiels. Da gemäß einer konkreten Strategie eines Spielers viele Entscheidungsknoten gar nicht erreicht werden, kann es vorkommen, daß die entsprechenden Aktionen für das Gleichgewicht irrelevant sind, wodurch unter Umständen eine Vielzahl von (vom Ergebnis identischen) Gleichgewichten existiert, die in der extensiven Form wesentlich leichter zu identifizieren sind, als in der Normalform. Folgt man zudem der Ansicht, daß Individuen die Entscheidung über ihre Aktion im konkreten Zeitpunkt treffen, also im jeweiligen Entscheidungsknoten, und an dieser Stelle auch erkennen, daß letztlich nur noch das folgende Teilspiel entscheidungsrelevant ist, so kann man, oft leichter, nach Gleichgewichten in den Teilspielen suchen. Dies erlaubt, beginnend an den Enden des Spielbaums, die relevanten (rationalen) Aktionen der einzelnen Spieler oft deutlich einzuschränken, und somit relativ rasch ein Gleichgewicht des gesamten Spiels zu finden. Ein solches Gleichgewicht, welches auch in jedem Teilspiel ein Gleichgewicht induziert, nennt man *teilspielperfektes Gleichgewicht.*

Jedes teilspielperfekte Gleichgewicht ist auch ein Nash-Gleichgewicht des zugehörigen Normalformspiels, aber nicht jedes Nash-Gleichgewicht ist teilspielperfekt, wie nachfolgendes Beispiel zeigt. Das Konzept der Teilspielperfektheit reduziert somit die Anzahl der Gleichgewichte. Die dabei verloren gegangenen Gleichgewichte sind dabei insofern unintuitiv, als sie auf unglaubwürdigen Drohungen aufbauen, wie wiederum anhand einer Extensivformvariante von Beispiel 1.3 gezeigt werden kann: Nehmen wir an Unternehmen 1 wählt zuerst eine der beiden Technologien t_1 oder t_2. Das zweite Unternehmen beobachtet diese Entscheidung und entscheidet sich daraufhin ebenfalls für eine der beiden Technologien. Damit erhält man folgende zeitliche Struktur:

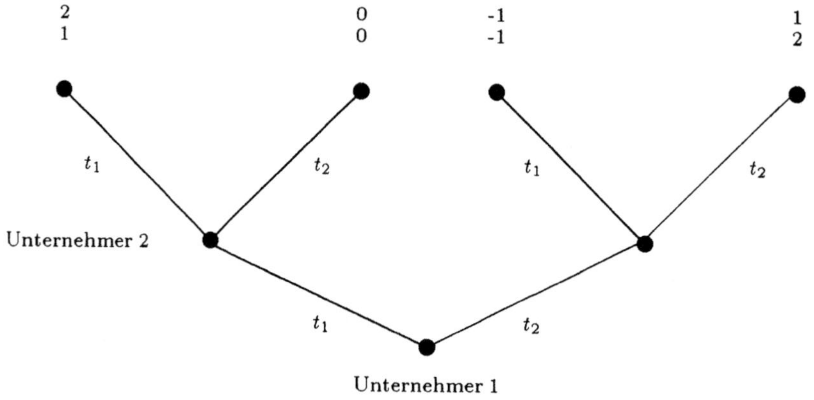

Dieses Spiel hat unter anderem (wie das als Beispiel 1.3 formulierte Normalformspiel) zwei Nash-Gleichgewichte, eines in dem beide Spieler ausschließlich t_1 wählen (Unternehmer 2 also unabhängig von der Wahl von Unternehmer 1) sowie jenes in dem beide Spieler in jedem Fall t_2 wählen. Sieht man sich die Entscheidung aus Sicht von Unternehmer 2 genauer an, so erkennt man, daß dieser immer den Anreiz hat, die Entscheidung von Unternehmer 1 zu kopieren. Erkennt Unternehmer 1 dies, so wird er sich für t_1, die von ihm präferierte Alternative entscheiden. Dies ist, in Verbindung mit den eben formulierten Entscheidungen von Unternehmer 2, auch das einzige teilspielperfekte Gleichgewicht.

Tatsächlich besitzt jedes endliche Spiel immer (wenigstens) ein teilspielperfektes Gleichgewicht. Ist das Spiel zudem ein Spiel vollkommener Information und die Auszahlungsfunktion insofern generisch, als keine identischen Auszahlungen für unterschiedliche Endknoten existieren, so führt Teilspielperfektheit zu einem eindeutigen Gleichgewicht.

Kann Person 2 hingegen die Aktion von Person 1 nicht beobachten, so sind für ihn die beiden Knoten, an welchen er seine Aktion festlegen muß, nicht unterscheidbar. Solche ununterscheidbaren Entscheidungsknoten eines Spielers werden zu einer *Informationsmenge* zusammengefasst. Damit müssen nun wiederum die möglichen Aktionen an allen Entscheidungsknoten innerhalb einer Informationsmenge übereinstimmen.

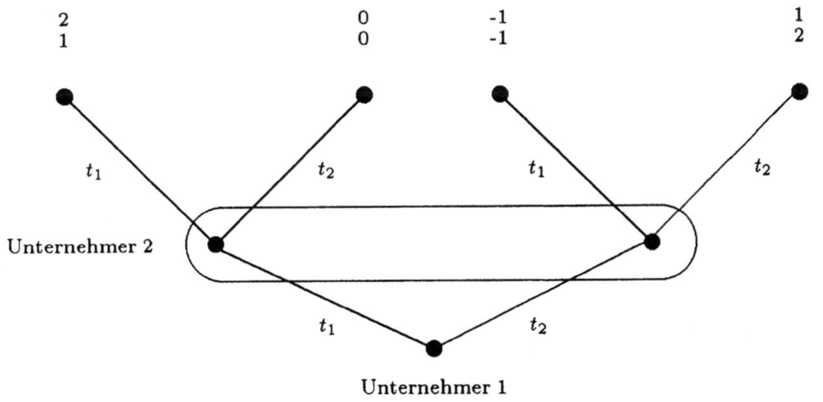

Ein solches Spiel, in welchem ein Spieler nicht über alle vorhandene Information verfügt, nennt man auch ein Spiel mit *unvollkommener Information.* So sind etwa die meisten Kartenspiele Spiele mit unvollkommener Information, da jeder Spieler lediglich Information über die eigenen Karten, nicht aber über das Blatt der Mitspieler besitzt. Teilspiele eines Spiels unvollkommener Information dürfen selbstverständlich nur einelementige Informationsmengen als Ausgangspunkt besitzen. Das obige Gefangenendilemma verfügt somit über kein echtes Teilspiel.

Eine Strategie in einem Extensivformspiel unvollkommener Information ordnet jeder Informationsmenge des Spielers eine zulässige Aktion zu. Die Menge aller möglichen Zuordnungen bildet den Strategienraum. Somit kann jedes

Extensivformspiel auch in seiner Normalform dargestellt werden.

Auch Zufallszüge können mit Hilfe der Extensivform dargestellt werden, als Zug eines fiktiven Mitspielers, der *Natur* (N), die eine gemischte Strategie mit vorgegebenen Wahrscheinlichkeiten wählt.

1.7 Unvollständige Information

Häufig verfügen Teilnehmer eines Spiels allerdings nicht über die gesamte dieses Spiel betreffende Information. So kennt ein Spieler häufig nicht die exakte Auszahlungsstruktur eines Mitspielers. In der Spieltheorie wird deshalb eine Unterscheidung getroffen zwischen Spielen mit 'unvollständiger Information' und Spielen mit 'unvollkommener Information'. Grob gesprochen könnte man sagen, daß ein Spiel 'unvollkommene Information' besitzt, wenn ein Spieler nicht genau (oder auch gar nicht) über die früheren Züge anderer Spieler informiert ist, wohingegen 'unvollständige Information' vorliegt, wenn etwa ein Spieler nicht über die gesamte, das Spiel betreffende Information verfügt. In einem Spiel mit unvollständiger Information ist einem Spieler eine wichtige Charakteristik des Spiels oder der Gegenspieler unbekannt. In ökonomischem Kontext kann dies beispielsweise bedeuten, daß zwei miteinander konkurrierende Firmen jeweils nicht über die Kostenfunktion der anderen Firma informiert sind (unvollständige Information) bzw. über die Produktionsmengen des Konkurrenten in der Vorperiode nicht informiert sind (unvollkommene Information).

Da wir bisher ein Spiel durch ein Tupel (N, S, U) beschrieben haben, könnte man auch sagen, daß bei 'unvollkommener Information' das Spiel selbst bekannt ist; d.h. alle wissen über (N, S, U) Bescheid; man weiß nur nicht (immer) genau, was im Spiel schon geschehen ist oder gerade geschieht. Bei 'unvollständiger Information' hingegen, ist - strikt gesprochen - nicht genau bekannt, *welches Spiel* (N, S, U) gespielt wird, da beispielsweise die Auszahlungsfunktion eines Gegenspielers nicht genau bekannt ist (dies wäre im obigen Beispiel der zwei Firmen der Fall, da die Unkenntnis der Kostenfunktion des Konkurrenten auch die Unkenntnis seiner Gewinnfunktion impliziert). Im folgenden wird lediglich dieser Fall beschrieben, in dem die Spieler die wahre *Identität ihrer Gegenspieler* nicht kennen. Es wird aus der Analyse jedoch klar, daß auch andere Arten unvollständiger Information auf die hier beschriebene Art dargestellt werden können.

Da die Spieler die wahre Identität ihrer Gegenspieler nicht kennen, können

Sie auch nicht direkt 'voraussehen' oder vorhersagen, was diese tun werden. Genaugenommen ist diese Entscheidungssituation mit den Mitteln der Spieltheorie gar nicht analysierbar. Im folgenden Abschnitt soll jedoch eine Vorgehensweise aufgezeigt werden, mit der eine solche Analyse auch mit spieltheoretischen Mittel möglich wird.

Als ein Beispiel für ein solches Spiel mit 'unvollständiger Information' kann wiederum die bereits vorgestellte Auktion mit verdeckt abgegebenen Geboten dienen: So wird in einer Auktion möglicherweise die (subjektive) Bewertung des Objektes durch den Mitbieter nicht bekannt sein. Im Gegensatz zu 'unvollkommener Information' fehlt somit Information über das Spiel und nicht nur Information innerhalb des Spieles.

1.8 Die Harsanyi-Transformation

Für Informationsunvollständigkeiten dieser Art hat Harsanyi [45] eine allgemeine Transformation vorgeschlagen, die das Spiel mit *unvollständiger* Information umwandelt in ein Spiel mit *vollständiger*, aber *unvollkommener* Information, um damit die oben formulierte Analysemethode anwendbar zu machen.

Die Grundidee ist die, alle Ausprägungen eines Spielers (Typen), mit jeweils allen möglichen unterschiedlichen Auszahlungsstrukturen, als Spieler eines größeren Spieles aufzufassen, in dem ein zuätzlicher Akteur (der Zufall bzw. die 'Natur') den 1. Zug erhält. Die Natur wählt somit auf Stufe I des Spiels jeweils aus der Typenmenge eines Spielers *einen* Typ aus, der auf Stufe II des Spieles aktiv werden wird. Ein gewählter Spieler (= Typ von Spieler i) wird darüber informiert, daß er *aktiv* sein wird. Ein aktiver Typ weiß jedoch nicht, welche Typen der Mitspieler aktiv sind.

Die oben betrachtete Auktion kann man somit als ein Spiel mit (unendlich) vielen (potentiellen) Spielern auffassen, bestimmt durch alle möglichen Bewertungen. Die Natur wählt dann (zufällig), gemäß einer feststehenden gemeinsamen Wahrscheinlichkeitsverteilung, welche Bewertung die Mitspieler für das zu versteigernde Objekt aufweisen. Danach handeln die aktiven Spieler.

Hierbei ist nicht wichtig, daß in der Realität tatsächlich ein solcher Auswahlmechanismus stattfindet. Vielmehr kann man diesen so interpretieren, daß die unterstellte Wahrscheinlichkeitsverteilung gerade die Häufigkeit der unterschiedlichen Bewertungen innerhalb der Grundgesamtheit aller Individuen repräsentiert. Der Zufallsprozess beschreibt demnach, wer an einer konkreten Auktion teilnimmt.

Die Information in diesem Spiel ist unvollkommen, weil kein Spieler über den 1. Zug der Natur genau Bescheid weiß und auch weil kein Spieler zum Zeitpunkt *seiner* Entscheidung über das Gebot des Mitbieters informiert ist. Die *Auszahlungen* sind aber nun *überall* wohldefiniert und bekannt (= vollständige Information).

Alternativ kann diese Transformation auch als ein reines Erwartungsbildungsmodell beschrieben werden. Die möglichen Typen der Spieler ergeben sich aus den Erwartungen der Gegenspieler. Alle grundsätzlich denkbaren Ausprägungen eines Spielers werden in die Erwartungen (der Gegenspieler) aufgenommen und mit einer Wahrscheinlichkeit gemäß der Einschätzung der Gegenspieler gewichtet.

Um dieses Spiel lösen zu können, muß jedoch jeder Spieler die Wahrscheinlichkeitsverteilung über die möglichen Konkurrenten kennen, damit er konsistente Erwartungen in Form einer bedingten Wahrscheinlichkeit bilden kann, und diese Information über das Spiel muß allen Spielern gemeinsam zur Verfügung stehen (common knowledge[7]). Diese konsistenten Erwartungen werden gemäß der Regel von *Bayes* gebildet, weshalb Spiele solcher Art auch als *Bayesianische Spiele* bezeichnet werden.

Wir definieren den Begriff eines Bayesianischen Gleichgewichtes nun allgemein in bezug auf das ursprüngliche Spiel mit unvollständiger Information, indem wir einen Spieler als Vereinigung seiner Typen interpretieren: Eine Strategie eines Spielers in einem Bayesianischen Spiel ist dann eine Funktion, die jedem Typ eine zulässige Strategie zuordnet. Ein Bayesianisches (Nash-) Gleichgewicht ist eine Kombination typen-abhängiger Strategien, sodaß jeder Spieler seinen erwarteten Nutzen, gegeben seinen Typ und die typenabhängigen Strategien der anderen Spieler, durch die Wahl dieser Strategie maximiert.

Ein Bayesianisches Gleichgewicht kann aber auch verstanden werden als ein einfaches Nash-Gleichgewicht in einem Spiel, das jeden *Typ* eines Spielers als einen eigenen Spieler behandelt, welcher mit seiner individuellen Bewertung seine erwartete Auszahlung maximiert.

[7] siehe dazu auch Abschnitt 1.10

1.9 Interpretation gemischter Strategien

Mit Hilfe einer solchen Überlegung können auch Gemischte-Strategien-Gleichgewichte in Spielen mit vollständiger Information als ein Gleichgewicht in reinen Strategien eines korrespondierenden Spiels unvollständiger Information neu interpretiert werden (Harsanyi [46]). Kehren wir noch einmal zurück zu Beispiel 1.4 auf Seite 13 und unterstellen wir, jedes der beiden Unternehmen ziehe jeweils eines der beiden Systeme strikt vor, der Konkurrent wisse jedoch nicht, welches der beiden. Unterstellt man, daß jeder der beiden Zustände, der in dem das Konkurrenzunternehmen das System a bzw. der in dem es das System b vorzieht, gleich wahrscheinlich ist, so ergibt sich ein Gleichgewicht in reinen Strategien, in dem jeder Typ das von ihm präferierte System wählt. Die Zufallsauswahl der Typen führt dann dazu, daß jeder Spieler zwar eine reine Strategie wählt, sein Konkurrent daraus aber dennoch nicht schließen kann, welche konkrete Entscheidung der Mitspieler getroffen hat. Dies hat zur Folge, daß keiner der beiden einen Anreiz besitzt, von der konkreten Wahl abzuweichen.

1.10 Common Knowledge

Eine entscheidende Voraussetzung der Analyse interaktiver Entscheidungsprobleme ist – neben der Kenntnis des Problems an sich – das Wissen über das Wissen der Mitspieler.

Das Nachdenken über Wissen (bzw. die Erkenntnis) hat eine lange Tradition, und ist wohl bis heute nicht erschöpft. In der Regel geht es dabei jedoch darum, was eine einzelne Person weiß, was sie wissen kann oder was es überhaupt bedeutet, wenn man sagt, jemand weiß etwas. Diese erkenntnistheoretischen Fragestellungen können hier nicht ausführlich erörtert werden, zumal es im Rahmen der spieltheoretischen Analyse um ein noch wesentlich komplexeres Problem geht, nämlich der Frage vom Wissen einer Gruppe von Individuen[8]. Wenn ich hierbei von "Wissen" spreche, bin ich mir der angesprochenen Problematik durchaus bewußt, hoffe aber, mit der etwas diffusen Begrifflichkeit dennoch die Grundidee vermitteln zu können.

Nehmen wir ein einfaches Beispiel aus dem Alltag, um die Notwendigkeit und die Auswirkungen vom Wissen über das Wissen anderer zu verdeutlichen: Bei

[8] Eine gute Einführung in das Problem findet sich in R.Fagin [33]: Reasoning about Knowledge, dem auch das folgende Beispiel der spielenden Kinder entnommen ist.

der Verhandlung über den Kaufpreis eines Hauses ist es für den Verkäufer nicht unwichtig zu wissen, welche Information der potentielle Käufer über die Beschaffenheit des Hauses besitzt und umgekehrt für den Käufer, welche Information der Verkäufer besitzt. Aber nicht nur dies ist relevant, es ist auch wichtig zu wissen, inwiefern der Käufer weiß, was der Verkäufer weiß und ob der Verkäufer weiß, daß der Käufer weiß etc. .

In manchen Rätselspielen wird genau dieses Nachdenken über das Nachdenken ausgenützt, um zu einer – manchmal erstaunlichen – Lösung zu kommen. Ein Beispiel dafür ist das Rätsel der "schmutzigen Kinder":

Drei Kinder kommen nach dem Spiel nach Hause, zwei von ihnen haben schmutzige Gesichter, aber jedes kann nur erkennen, ob die jeweils anderen beiden schmutzig sind oder nicht. Vor dem Haus treffen sie auf ihre ältere Schwester. Diese weist sie darauf hin, daß wenigstens eines von ihnen ein schmutziges Gesicht hat. Sie sagt ihnen somit etwas, das die drei Kinder bereits wußten. Anschließend fragt sie die Geschwister, ob sie wissen ob sie selbst ein schmutziges Gesicht hätten. Unter der Annahme, daß die Kinder wahrheitsgemäß, intelligent und aufmerksam gleichzeitig auf diese Frage antworten, erhalten wir folgendes Ergebnis: Alle Kinder antworten mit 'nein'. Wird die selbe Frage jedoch ein zweites Mal gestellt, so antworten die beiden Kinder mit dem schmutzigen Gesicht mit 'ja'.

Auf die erste Frage hätte ein Kind nur dann mit 'ja' antworten können, wenn zwei Kinder sauber gewesen wären, da es dann selbst als einziges schmutzig sein müsste. Aus der Tatsache, daß kein Kind mit 'ja' geantwortet hat, konnten die Kinder somit schließen, daß mindestens zwei von dreien schmutzig sein müssen. Dies erlaubt den beiden Kindern, welche nur ein schmutziges Kind sehen, zu schließen, daß sie selbst schmutzig sein müssen.

Allein die Tatsache, daß den Kindern etwas gesagt wurde, das sie alle schon wußten, hat ihnen offensichtlich dennoch neue Information geliefert, nämlich daß alle nunmehr wissen, daß alle diese Tatsache wissen. Durch das wiederholte Fragen wurde anschließend erreicht, daß alle wissen, was jeder (noch) nicht weiß und daraus neues Wissen erzeugt. Entscheidend dafür, daß diese Kette in Gang gesetzt werden kann, ist allerdings, daß das Wissen ("mindestens einer von Euch ist schmutzig") allgemein bekannt ist, das heißt jeder weiß es, jeder weiß daß jeder es weiß, etc. . Hätte die Schwester jedem der Kinder einzeln die selbe Information gegeben, so hätte auch wiederholtes Fragen nicht das gewünschte Ergebnis erbracht.

Darüberhinaus ist es aber auch notwendig, daß nicht nur das Wissen selbst, sondern auch die Art wie dieses Wissen verarbeitet wird (die Intelligenz der Kinder) allgemein bekannt ist.

Dies gilt ebenso in der spieltheoretischen Analyse. Auch hier ist es von entscheidender Bedeutung, wie die Spieler ihr Wissen um die strategischen Aspekte einer Entscheidungssituation verarbeiten. Das Problem der Zirkularität in dieser Fragestellung wurde bereits in Abschnitt 1.3 auf Seite 11 angesprochen.

Tatsächlich ist nicht die Annahme allein, daß der Mitspieler rational handelt, ausreichend um die bisherigen Ausführungen zu stützen. Kehren wir an dieser Stelle noch einmal zur Problematik der Elimination dominierter Strategien zurück. Das folgende Normalformspiel ist symmetrisch, und es weist (für beide Spieler) eine dominierte Strategie (a) auf.

		Spieler 2			
		a	b	c	d
Spieler 1	a	5, 5	3, 6	0, 5	-2, -5
	b	6, 3	4, 4	1, 5	-1, -10
	c	5, 0	5, 1	2, 2	0, 3
	d	-5, -2	-10, -1	3, 0	1, 1

Die Rationalitätsannahme impliziert, daß keiner der beiden Spieler diese dominierte Strategie verwenden sollte. Unterstellen beide Spieler, daß der jeweils andere rational handelt, so kann man diese Strategie in der weiteren Analyse außer Acht lassen. Betrachtet man das um diese (irrationale) Strategie reduzierte Spiel,

		Spieler 2		
		b	c	d
Spieler 1	b	4, 4	1, 5	-1, -10
	c	5, 1	2, 2	0, 3
	d	-10, -1	3, 0	1, 1

so ergibt sich wiederum eine dominierte Strategie (b) des reduzierten Spiels. Dies führt dazu, daß nach wiederholter Elimination dominierter Strategien, lediglich die Strategie d für beide Spieler verbleibt, das eindeutige Nash-Gleichgewicht dieses Spiels. Jeder dieser Eliminationsschritte ist nachvollziehbar und logisch, sofern der Gegenspieler ebenfalls diese Schritte nachvollzieht. Macht er dies nicht, so kann es durchaus riskant sein, die (spieltheoretische) Gleichgewichtsstrategie zu wählen.

Geht etwa Spieler 2 nicht davon aus, daß Spieler 1 rational handelt, so kann er durchaus (rationalerweise) die Strategie b wählen. Tut er dies, so ist es wiederum für Spieler 1 ungünstig alle obigen Eliminationsschritte nachzuvollziehen und d zu spielen, da er dadurch das für ihn schlechteste Ergebnis erleidet.

Gehen schließlich beide Spieler davon aus, daß der jeweils andere zwar rational entscheidet, aber möglicherweise nicht weiß, daß man selbst rational entscheidet, so reicht dies zwar für den ersten Eliminationsschritt aus, keineswegs jedoch für den nächsten. Beide Spieler werden sich zwar gegen b entscheiden, da sie dies jedoch nicht vom Gegenspieler erwarten, kann die Wahl durchaus auf c fallen, obwohl dies keine Gleichgewichtsstrategie darstellt.

Das folgende extensive Spiel macht diese Problematik noch deutlicher.

Beispiel 1.5 *Zwei Spieler haben die Möglichkeit durch Wahl der Aktion W (weiter) die gemeinsame Auszahlung zu erhöhen. Steigt einer der beiden vorzeitig aus, so erhält dieser den gesamten Betrag.*

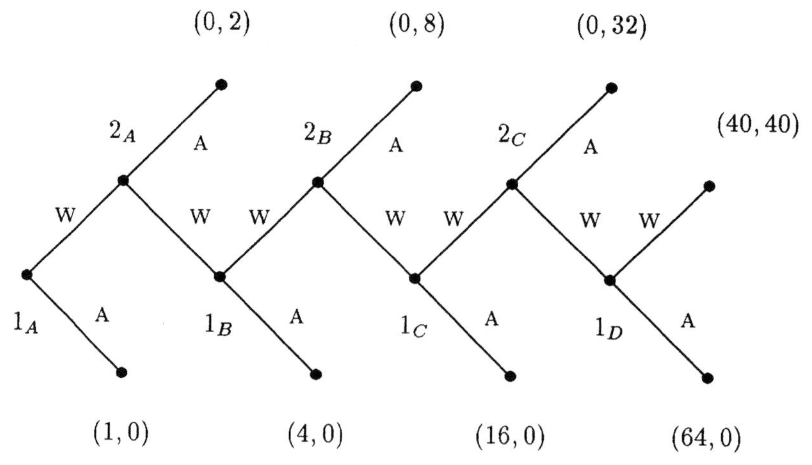

Befindet sich Spieler 2 am Entscheidungsknoten 2_C und überlegt,welche Entscheidung er treffen soll, so muß er zunächst eine Erwartung über das Verhalten von Spieler 1 am Knoten 1_D ermitteln. Unterstellt er diesem, rational zu handeln, also die Entscheidung A zu treffen, so sollte er selbst A wählen. Mittels *Rückwärtsinduktion* erkennt man so, daß dieses Spiel ein eindeutiges *teilspielperfektes* Nash-Gleichgewicht besitzt, in jeder Stufe des Spiels die Option A zu wählen. Dies bedeutet, daß der Spieler 1 mit seiner ersten Aktion das Spiel beendet.

Unterstellt man die Gültigkeit der *Common Knowledge Annahme* dürfte man somit gar nicht zum Entscheidungsknoten 2_A kommen. Sicherlich kann Spieler 2 daraus, daß dieser Knoten dennoch erreicht wird, nicht schließen, daß Spieler 1 irrational ist. Allerdings kann er wohl auch nicht erwarten, daß Spieler 1 alle obigen Schlüsse tatsächlich nachvollzogen hat. Die *Common Knowledge Annahme* in ihrer strengen Form scheint nicht mit dieser Überlegung vereinbar zu sein.

Im folgenden soll in dieser Arbeit die Frage aufgeworfen werden, inwieweit die Informationsannahmen der Spieltheorie sowie die Formulierung rationalen Handelns notwendig sind, die Voraussagen der Spieltheorie zu rechtfertigen. Können die selben, ähnliche oder gänzlich verschiedene Handlungsweisen erwartet werden, wenn etwa die Common Knowledge Annahme deutlich abgeschwächt wird, oder wenn die Individuen sich weniger rational verhalten? Dazu möchte ich zunächst erörtern, welche Interpretation dem Begriff Rationalität in der ökonomischen Theorie allgemein zukommt, bevor ich auf die Problematik in Bezug auf interaktive Entscheidungen genauer eingehen werde.

Kapitel 2

Eingeschränkte Rationalität

Die Annahme, daß die Subjekte der ökonomischen Theorie rational handeln, stellt für sich genommen noch keine Grundlage für die Analyse individuellen Handelns dar. Erst in Verbindung mit einer Päferenzstruktur bietet die Verknüpfung dieser mit der Annahme, daß jedes Individuum ein, gemäß seiner Präferenzen optimales Ergebnis erreichen will, die Voraussetzung für eine ökonomisch normative Analyse individuellen Handelns (siehe Abschnitt 1.1). Dies wird im folgenden als *rationales Handeln* bezeichnet[1]. Adam Smith, gewissermaßen der Begründer der ökonomischen Theorie, formulierte diese Annahme folgendermaßen:

> *'It is not from the benevolence of the butcher, the brewer, or the baker, that we expect our dinner, but from their regard to their own interest' [83].*

Etwa hundert Jahre später postulierte Edgeworth dies als ökonomisches Grundprinzip:

> *'The first principle of Economics is that every agent is actuated only by self-interest' [31].*

[1]Eine Einführung in die Theorie rationalen Handelns findet sich in der Arbeit von Vriend [87].

Obwohl die ökonomische Theorie individuellen Handelns ohne eine Rationalitätsannahme kaum formuliert werden kann, findet sich eine explizite Formulierung dennoch selten. In der wohl als ein Meisterwerk ökonomischer Theorie geltenden Arbeit von Debreu findet man die Rationalitätsannahme lediglich implizit in der Formulierung ökonomischer Akteure:

> *'an agent is characterized by the limitations on his choice, and by his choice criterion' [30].*

Die Rationalitätsannahme der Spieltheorie geht über diese Formulierungen deutlich hinaus. Zwar stellt auch sie, wie im vorangegangenen Kapitel beschrieben, die Annahme ins Zentrum der Analyse, daß jedes Individuum aus den von ihm wahrgenommenen Möglichkeiten eine optimale Wahl gemäß seiner Präferenzen trifft. Diese Wahl setzt jedoch voraus, daß der Agent eine Einschätzung über das Verhalten der Mitspieler hat. Die Spieltheorie setzt daher die Gültigkeit der *Common Knowledge Annahme*[2] voraus. Nicht zuletzt diese extreme Form der Rationalitätsannahme, daß *jedes* Individuum nicht nur für sich genommen versucht, ein 'bestes Ergebnis' zu erreichen, sondern auch die Erwartungen über das Verhalten der Mitspieler und deren Erwartungen teilt, führte zu deutlicher Kritik, zumal wenn sich eine ökonomische Theorie nicht allein mit einem normativen Ansatz begnügen möchte, sondern versucht, deskriptiv beobachtetes Verhalten zu beschreiben bzw. prognostiziertes Verhalten zu überprüfen bzw. zu testen. Die tatsächliche Voraussagefähigkeit der Spieltheorie zu prüfen, wurde in vielen ökonometrischen Modellen und experimentellen Analysen versucht, und nicht zuletzt dabei wurde deutlich, daß ein Modell, das perfekt rationales Verhalten unterstellt, nicht immer den realen Gegebenheiten gerecht werden kann.

In der hier vorliegenden Arbeit versuche ich, diesen Ansätzen nachzugehen und aufzuzeigen, welche Möglichkeiten allgemeinere Ansätze bieten und inwiefern die Nicht-Kooperative Spieltheorie dennoch ein geeignetes Instrument darstellt, auch unter der Annahme nur eingeschränkt rational handelnder Individuen Verhalten zu beschreiben bzw. Verhaltensempfehlungen auszusprechen.

Kritik an der Rationalitätsannahme wurde aus ganz unterschiedlichen Gründen laut. So wird von einzelnen Autoren grundsätzlich in Frage gestellt, daß Individuen rational handeln. Tatsächlich wurde in verschiedenen Experimenten beobachtet, daß Individuen nachweisbar inkonsistent entscheiden (oder

[2] siehe Abschnitt 1.10

inkonsistente Präferenzen aufweisen). Zum Teil ist dies auf sogenannte *framing* Effekte zurückzuführen, d.h. Individuen treffen unter Umständen in einer nach objektiven Kriterien identischen Entscheidungssituation entgegengesetzte Entscheidungen, je nachdem wie das Entscheidungsproblem dargestellt wurde (siehe etwa Kahneman und Tversky [55]). Ein Beispiel für eine solche Inkosistenz in individuellen Entscheidungen wurde von McNeil und anderen [64] beschrieben. Sie gaben den Versuchspersonen unterschiedliche Darstellungen statistischer Information über zwei mögliche Behandlungsmethoden von Lungenkrebs.

1. Darstellung Chirurgie: Von 100 Operierten überleben 90 die Operation, 68 das erste post-operative und 34 das fünfte post-operative Jahr.

Bestrahlungstherapie: Von 100 Bestrahlten überleben alle die Behandlung, 77 das erste und 22 das fünfte Jahr nach der Bestrahlung.

2. Darstellung Chirurgie: Von 100 Operierten sterben 10 während oder nach der Operation, 32 sterben innerhalb eines Jahres und insgesamt 66 innerhalb von fünf Jahren.

Bestrahlungstherapie: Von 100 Bestrahlten stirbt keiner während oder nach der Bestrahlung, 23 sterben innerhalb eines Jahres und insgesamt 78 innerhalb von fünf Jahren.

Beide Darstellungen beschreiben exakt das selbe Phänomen. Dennoch beobachtet man, daß Individuen je nach Darstellung deutlich unterschiedlich entscheiden. Während sich nach der 1.Darstellung 18% für eine Bestrahlungstherapie ausgesprochen hatten, stieg dieser Anteil nach der 2.Darstellung auf 44%. Dieser 'framing' Effekt war für Ärtzte und statistisch erfahrene Studenten ebenso hoch, wie für eine Gruppe von Patienten.

Solche Phänomene 'irrationalen' Verhaltens sind nicht Gegenstand dieser Arbeit. Im folgenden sei vielmehr unterstellt, daß menschliches Handeln als '*intendedly rational*' beschrieben werden kann, wie Simon in 'Models of Man' ([82]) formuliert.

Simon prägte in dieser Arbeit im Rahmen der Beschreibung vom Handeln innerhalb von sozialen Organisationen bzw. Institutionen den Begriff 'eingeschränkter Rationalität':

> *"The capacity of human mind for formulating and solving complex problems is very small compared with the size of the problems*

> *whose solution is required for objectively rational behavior in the real world – or even for a reasonable approximation to such objective rationality."*

Die klassische Rationalitätsannahme unterstellt, daß sich ein Individuum all seiner Handlungsmöglichkeiten bewusst ist, der momentanen sowie der potentiellen zukünftigen, und alle möglichen Ereignisse bzw. die Auswirkungen seines Handelns mit (korrekten) Wahrscheinlichkeiten gewichtet und in seinem Handlungskalkül berücksichtigt.

Simon stellt dem entgegen, daß unter der Annahme eines beschränkten Wahrnehmungspotential, diese Anforderungen, zur Lösung konkreter Entscheidungsprobleme unrealistisch sind. Er folgert daraus, daß Individuen zunächst ein vereinfachtes Modell erstellen, um die Problematik erfassbar zu machen, und anschließend gemäß diesem vereinfachten Modell rational handeln. Er formuliert dies in seiner Arbeit folgendermaßen. Zunächst reduziert er den Raum der tatsächlichen Handlungsmöglichkeiten auf die wahrgenommenen, bzw. ins Kalkül einbezogenen, Handlungsmöglichkeiten. Dann unterstellt Simon, daß Individuen keine vollständige Präferenzordnung aufstellen, sondern lediglich über eine vereinfachte Präferenzstruktur verfügen, welche in erster Linie zwischen 'akzeptablen' und 'nicht akzeptablen' Alternativen differenziert. Somit ersetzt er das Maximierungskalkül durch ein Kalkül der 'Befriedigung von Ansprüchen', also der Suche nach 'guten' anstatt 'besten' Alternativen.

Eine Möglichkeit einer solchen Vereinfachung besteht darin, die Nutzenfunktion durch eine 'einfache Auszahlungsfunktion' zu ersetzen, die nur zwei Werte $(1, 0)$, oder drei Werte $(1, 0, -1)$, annehmen kann. Im ersten Fall kann dies als (zufriedenstellend, nicht zufriedenstellend) im zweiten Fall als (Gewinn, Unentschieden, Verlust) interpretiert werden.

Nehmen wir als Beispiel den Verkauf eines Hauses. Der Verkäufer betrachte einen Preis von DM 500.000 als akzeptabel, jeder höhere Preis ist somit zufriedenstellend, jeder niedrigere Preis nicht zufriedenstellend. Dieser Preis stellt somit das Anspruchsniveau dar, in ökonomischer Sichtweise der Reservationspreis.

Die 'einfache Auszahlungsfunktion' scheint jedoch unzureichend, da ein rational handelndes Individuum in obiger Formulierung zwar sowohl einen Preis von DM 600.000 als auch einen von DM 700.000 für akzeptabel halten wird, aber doch letzteren bevorzugt. Simon begegnet diesem Einwand, indem er unterstellt, daß jeweils nur zwischen zwei Alternativen entschieden wird. Hat der Verkäufer mehrere Angebote, so entscheidet er, ob er zum höchsten Gebot verkaufen will oder nicht. So kann diese 'einfache Auszahlungsfunktion' als Approximation einer allgemeineren Auszahlungsfunktion interpretiert werden.

Damit fehlt dem Akteur jedoch die Möglichkeit eine bestimmte Nutzenfunktion zu bilden, wie es in der Theorie häufig unterstellt wird, sondern er kann lediglich bestimmte Zustände bewerten, was aber weder notwendigerweise zu konsistenten, noch zu auch nur annähernd optimalen Entscheidungen in Bezug auf das reale Problem führen muß. Konsequenterweise schließt Simon, daß Entscheidungen nicht innerhalb wohldefinierter Alternativen mit wohldefinierten Konsequenzen erfolgen, und kritisiert damit das Konzept der Nutzenmaximierung.

Auch wenn man grundsätzlich am Nutzenkonzept festhält, ist es dennoch möglich, daß ein Individuum zwar allen Ereignissen eine Bewertung zuordnet, aber nicht weiß, welche Ereignisse in Abhängigkeit von der konkreten Entscheidung eintreten werden. In Abhängigkeit von den erwarteten Kosten der Informationsbeschaffung wird es sich demnach nur bis zu einem bestimmten Ausmaß lohnen, eine 'Verfeinerung' der Auszahlungsfunktion vorzunehmen.

Als Beispiel soll hier eine Schachpartie dienen. Das Spiel sei im 20. Zug für Weiß. S sei die Menge aller möglichen Positionen, welche bis zum 30. Zug erreicht werden können. S' sei die Teilmenge von S, die als für Weiß eindeutig gewonnene Positionen betrachtet werden. Spieler Weiß wählt nun eine Folge von Zügen a (unter der Annahme bestimmter realistischer Reaktionen von Schwarz), welche nach S' führt. Weder berücksichtigt er dabei alle möglichen eigenen, noch alle möglichen fremden Züge. Eine Verfeinerung dieser Überlegungen unter der Berücksichtigung alternativer Züge von Schwarz kann nun einerseits dazu führen, daß der Menge S' weitere Elemente hinzugefügt werden, oder daß die erwogene Handlung a verworfen wird, da sie zu einer als Gewinnposition für Schwarz identifizierten Position führt.

Somit wird, in Abhängigkeit von den Kosten der Informationsbeschaffung, eine unter der erworbenen Information beste Alternative gewählt, eine andere bessere Alternative wird hingegen nicht gewählt, da sie (zufälligerweise) nicht berücksichtigt wurde.

All diese Einschränkungen sind durchaus kompatibel mit der Rationalitätsannahme, unter Berücksichtigung von Kosten der Informationsbeschaffung sowie der Informationsverarbeitung. Allerdings sind die so realisierten Entscheidungen/Allokationen nicht notwendigerweise stabil, da sich im Laufe der Zeit neue Informationszustände ergeben können, und damit eine Entscheidung, welche vormals sinnvoll erschien nunmehr nicht mehr so getroffen würde, oder weiterer Handlungsbedarf besteht.

Die Beobachtung, daß Individuen Entscheidungen treffen, welche nicht in ihrem Interesse sind, kann somit daran liegen, daß in der Betrachtung von außen nicht die subjektive Wahrnehmung des agierenden Individuums korrekt beobachtet wird, oder daß Kosten die dem Individuum entstehen würden, übersehen werden. Verfügen die Beteiligten etwa nicht über die vollkommene für sie relevante Information und verursacht die Informationsbeschaffung Kosten, so muß dies im Entscheidungskalkül berücksichtigt werden, was dazu führen kann, daß Individuen konkrete, in der Vergangenheit getroffene Entscheidungen ex post, d.h. unter der neuen Informationssituation, bereuen.

Häufig ergibt sich auch dadurch scheinbar irrationales Verhalten, daß die Individuen nicht die (beobachtete) monetäre Auszahlung maximieren, sondern den subjektiven (nicht beobachteten) Nutzen, der unter Umständen auch relative Auszahlungen ins Kalkül mit einbezieht. Neid, Altruismus oder relativer Erfolg spielen unter Umständen eine entscheidende Rolle, und können durchaus, wie die Beispiele in folgenden Kapiteln zeigen, als Folge (eingeschränkt) rationalen Handelns 'rational' erklärt werden. Auch Phänomene kultureller Normen oder sozialer Zwänge fallen unter diesen Aspekt.

Problematisch werden solche Phänomene insbesondere dann, wenn die Entscheidungen in einem strategischen Kontext getroffen werden, da hier nicht mehr nur die individuelle Entscheidung für sich getroffen werden kann, sondern diese Entscheidung in Abhängigkeit von Erwartungen und Handlungen anderer Teilnehmer getroffen wird. Solange alle Individuen korrekte Erwartungen bilden und eine Entscheidungssituation auf die selbe Art und Weise reduzieren, ist die 'Common Knowledge Annahme' zwar unter Umständen problematisch, kann aber vielleicht dennoch gerechtfertigt werden. Folgt man hingegen der oben formulierten Annahme 'eingeschränkter Rationalität', so ist die Annahme, daß alle Individuen nach wie vor nach dem selben Kalkül entscheiden wohl obsolet.

Dies führte dazu, die 'Common Knowledge Annahme' durch die Einführung von Lernmodellen abzulösen, und die Frage zu stellen, ob sich in Entscheidungssituationen welche nicht einmalig sondern wiederholt auftreten, die Erwartungen der einzelnen Spieler den korrekten Erwartungen, oder auch nur den Erwartungen der anderen Spieler annähern, und sich somit die Ergebnisse der Spieltheorie auch in einem eingeschränkten Rahmen bestätigen lassen.

Kapitel 3

Lernmodelle in der Spieltheorie

Der Begriff des Nash-Gleichgewichtes beschreibt einen stabilen Zustand in einer strategischen Entscheidungssituation. Er gibt hingegen keinerlei Ansatz, wie dieses Gleichgewicht gefunden werden kann. Dabei gibt es eine Reihe von Gründen, weshalb ein Spieler nicht einfach eine Gleichgewichtsstrategie wählt:

Der erste und naheliegendste Grund liegt in der Tatsache, daß viele Spiele nicht nur ein Gleichgewicht aufweisen. Gibt es mehrere Gleichgewichte, so stellt sich die Frage der Gleichgewichtsauswahl, bzw. die Koordination zu einem der Gleichgewichte. Auch wenn das Spiel ein eindeutiges Gleichgewicht besitzt, sind die Spieler, oder auch nur einer unter ihnen, möglicherweise nicht in der Lage dieses Gleichgewicht (abstrakt) zu bestimmen. Dies kann bereits in Ein-Personen-Entscheidungssituationen schwer sein, in Mehr-Personen-Entscheidungssituationen multipliziert sich die Komplexität noch. Selbst in einfachen Entscheidungssituationen ist die Wahl der Gleichgewichtsstrategie dann nicht selbstverständlich, wenn man unterstellt, daß der Gegenspieler möglicherweise nicht die Gleichgewichtsstrategie wählt. In diesem Fall muß auch für den Spieler selbst die Gleichgewichtsstrategie nicht optimal sein. Dies wiederum kann zur Konsequenz haben, daß auch der 'rationale' Spieler nicht an seiner Gleichgewichtsstrategie festhält, wie etwa das folgende Beispiel veranschaulicht.

Beispiel 3.1 *Betrachten wir das folgende Normalformspiel mit zwei reinen Strategien für Spieler 1, o, u, und drei reinen Strategien für Spieler 2, l, m, r.*

		Spieler 2		
		l	m	r
Spieler 1	o	2, 4	0, 1	10, 3
	u	3, 1	1, 2	0, 1

Dieses Spiel besitzt das eindeutige Gleichgewicht (u, m). Die Strategie r ist niemals optimal. Sie wird schwach dominiert durch die Strategie l, und sogar strikt dominiert durch die gemischte Strategie $s_2 = (9/10, 1/10, 0)$. Erwartet Spieler 1, daß Spieler 2 die Strategie r nicht verwendet, so ist es für ihn optimal, u zu wählen, worauf Spieler 2 rational mit m reagiert. Erwartet er hingegen mit einer Wahrscheinlichkeit $p \geq 1/10$ daß sein Gegenspieler dennoch die Strategie r verwendet (also nicht 'rational' ist), so ist es für ihn optimal die Strategie o zu wählen. Selbst der 'rationale' Spieler 2 bevorzugt dann die Strategie l und weicht somit von der Gleichgewichtsstrategie ab. Das Ergebnis stellt in dieser Entscheidungssituation sogar eine Verbesserung für beide Spieler (und für beide Typen von Spieler 2) gegenüber der Gleichgewichtsauszahlung $(1, 2)$ dar.

Schließlich ist für die Bestimmung der Gleichgewichtsstrategie notwendig, daß die Spieler vollkommen über das Spiel informiert sind. Kennen sie etwa die Auszahlungsstruktur ihrer Gegenspieler nicht, oder schätzen sie diese unterschiedlich ein, so ist es in der Regel nicht möglich, das Gleichgewicht zu ermitteln.

Selbst wenn die obigen Punkte nicht zutreffen, stellt sich immer noch die Frage wie die Beteiligten zum (eindeutigen) Gleichgewicht finden. Ein möglicher Ansatz zum Gleichgewicht zu gelangen findet sich bereits 1951 bei Brown [21], der unter dem Begriff 'fiktives Spiel' folgendes Gedankenspiel formuliert.

3.1 Fiktives Spiel

Jeder Spieler spielt, bevor er seine Entscheidung fällt, welche Strategie er wählen soll, das Spiel in Gedanken unendlich oft, wobei er zunächst eine willkürliche Strategie wählt. Er unterstellt nun, daß sein Gegenspieler die in der Vergangenheit dieses fiktiven Spiels gewählten Strategien beobachte und ebenso wie er selbst gegen die gemischte Strategie optimiert, welche sich aus den vergangenen Beobachtungen (statistisch) ergibt.

In der zweiten Wiederholung des Spiels wählen die Spieler somit eine beste Antwort auf die Strategie des Gegenspielers in der ersten Periode, in der dritten Wiederholung eine beste Antwort auf die gemischte Strategie, welche sich aus den beiden Beobachtungen ergäbe, wenn jede der reinen Strategien mit Wahrscheinlichkeit $\frac{1}{2}$ gewählt würde.

Dieser Prozess wird in jeder der folgenden Wiederholungen des fiktiven Spiels erneut durchlaufen, wobei alle bisherigen Beobachtungen miteinbezogen werden, aus welchen dann eine gemischte Strategie gebildet wird, gegen die anschließend optimiert wird. Im Grenzwert ergibt sich somit eine unendliche Folge von Zügen, wobei jede Wahl immer optimal gegen die gemischte Strategie ist, die sich statistisch ergibt, wenn die vorangegangenen Beobachtungen als repräsentativ für die folgende Wahl angesehen wird. Da das Spiel lediglich fiktiv ist und ins Unendliche fortgesetzt wird, ergibt sich kein Anreiz, strategisch von dieser Wahl abzuweichen.

Konvergiert der Prozess, so führt er tatsächlich immer zu einem (Nash-) Gleichgewicht: Da im Falle der Konvergenz die im Grenzwert gewählte Aktion beider Spieler auch statistisch dominiert, und jeder Spieler gegen diese Wahl optimiert, ist offensichtlich, daß es sich dabei um ein Gleichgewicht handelt.

Für reine Konfliktspiele (Null- bzw. Konstantsummenspiele) kann die Konvergenz nachgewiesen werden, auch wenn ein Gleichgewicht in reinen Strategien nicht existiert.

Allgemein muß dies nicht gelten, auch dann nicht, wenn ein eindeutiges Gleichgewicht existiert, wie das folgende Beispiel von Shapley [81] zeigt.

Beispiel 3.2 *Betrachten wir ein 2 Personen Normalformspiel mit folgender Auszahlungsmatrix:*

	s_1	s_2	s_3
s_1	0, 0	0, 1	1, 0
s_2	1, 0	0, 0	0, 1
s_3	0, 1	1, 0	0, 0

Dieses Spiel besitzt ein eindeutiges Gleichgewicht, in welchem beide Spieler jede Strategie mit gleicher Wahrscheinlichkeit ($\frac{1}{3}$) einsetzen.

Das fiktive Spiel folgt hier dem Pfad, der in der eingezeichneten Folge die Nicht-Diagonal-Elemente durchläuft.

	s_1	s_2	s_3
s_1	0, 0	0, 1	1, 0
s_2	1, 0	0, 0	0, 1
s_3	0, 1	1, 0	0, 0

Allerdings konvergiert dieser Prozess nicht, auch nicht in Bezug auf den Mittelwert der verwendeten Strategien. Der Grund hierfür liegt in der Tatsache, daß die durch das fiktive Spiel implizierte Dynamik die einzelnen Alternativen nicht gleichmäßig auswählt. Da sich das fiktive Spiel immer an der gesamten 'Geschichte' orientiert, besteht mit zunehmender Dauer des Prozesses eine abnehmende Tendenz, das Verhalten zu ändern. Dies hat zur Folge, daß die Verweilzeiten an den einzelnen Alternativen beständig zunehmen, wodurch eine Konvergenz im Mittel ausgeschlossen ist. Die durchschnittliche Auszahlung für die beiden Spieler oszilliert dabei zwischen $\frac{1}{3}$ und $\frac{2}{3}$, was offensichtlich größer als die Gleichgewichtsauszahlung ($\frac{1}{3}, \frac{1}{3}$) ist. Der Pfad widerspiegelt damit eher die Realisierung eines korrelierten Gleichgewichts, *in welchem die Wahrscheinlichkeiten mit welchen die Spieler die jeweilige Strategie spielen nicht unabhängig gewählt, sondern etwa durch einen Vermittler koordiniert werden. So kann erreicht werden, daß im Gleichgewicht die Diagonalelemente niemals gewählt werden, und damit die durchschnittliche Auszahlung auf $\frac{1}{2}$ gesteigert werden kann.*

Das fiktive Spiel kann überdies die Common Knowledge Annahme nicht ersetzen, sondern lediglich die Suche nach Gleichgewichten auf einen formalen Prozess zurückführen, da obiger Prozess fiktiv ist und jeder Spieler, um den Prozess zu verfolgen, auch das Optimierungskalkül des Gegenspielers beherrschen muß. Verfügen die Spieler jedoch nicht über das gemeinsame Wissen der gegenseitigen Auszahlungsfunktion und des gemeinsamen Prozesses der Gleichgewichtsauswahl, so muß das Spiel notwendigerweise auch wirklich gespielt werden. Um den Teilnehmern die Möglichkeit zu eröffnen zu lernen, muß die selbe – oder doch zumindest eine ähnliche – Entscheidungssituation wiederholt entstehen. Hierbei gibt es grundsätzlich zwei unterschiedliche Situationen. Die selbe Entscheidungssituation kann mit den selben Individuen oder in einer völlig neuen Gruppe stattfinden. Im ersten Fall sprechen wir von einem wiederholten Spiel, im letzteren von einem wiederkehrenden Spiel.

3.2 Bayesianisches Lernen

Unterstellen wir zunächst ein (unendlich) wiederholtes (Normalform-)Spiel mit einer endlichen Anzahl von Teilnehmern und perfekter Beobachtung der vergangenen Aktionen, allerdings ohne zu unterstellen, daß die Common Knowledge Annahme erfüllt sei. Die Spieler kennen somit weder notwendigerweise die Auszahlungsstruktur der Mitspieler, noch wissen sie, auf welche Art und Weise diese in der konkreten Entscheidungssituation zu einer Strategienauswahl finden.

Ausgangspunkt der Analyse ist eine Wahrscheinlichkeitsverteilung über die mögliche Strategienwahl der Mitspieler. Diese kann etwa dadurch entstehen, daß jeder Spieler gewisse Erwartungen über die möglichen Auszahlungen der Mitspieler besitzt und aus diesen jeweils eine mögliche Beste Antwort ermittelt. Die Spieler ermitteln somit in jeder Wiederholung des Spiels ein Gleichgewicht des Normalform-Spiels mit unvollständiger Information (siehe Abschnitt 1.7). Aus der Beobachtung des realisierten Spiels in den vergangenen Runden können die Spieler mit Hilfe der Regel von Bayes ihre ursprünglichen Erwartungen anpassen.

Diese Regel unterstellt, daß der Spieler aus den beobachteten Ereignissen die möglichen Zustände einschränkt und mit Hilfe bedingter Erwartungsbildung diesen konsistent neue Wahrscheinlichkeiten zuordnet. Insofern ist die Regel von Bayes nichts anderes als die korrekte Bestimmung bedingter Wahrscheinlichkeiten unter der Annahme, daß die Ereignisse durch eine feststehende gemeinsame Wahrscheinlichkeitsverteilung bestimmt sind.

So kann mit zunehmender Spieldauer der Kreis der möglichen Kandidaten von Normalformspielen eingeengt werden. Jordan [54] zeigt, daß in einem solchen Modell, vorausgesetzt die ursprünglichen Erwartungen der Spieler sind ausreichend gleichförmig im Raum aller möglichen Spiele, immer ein Nash-Gleichgewicht des Normalformspiels erreicht wird.

Problematisch an diesem Ansatz ist allerdings, daß in jeder Stufe ein großes Maß an Koordinierung erforderlich ist. So müssen, insbesondere in Mehrpersonenentscheidungsproblemen, alle Spieler die selben Erwartungen bilden, und sich überdies in jeder Wiederholung auf ein Gleichgewicht einigen. Darüberhinaus besteht hierbei, im Gegensatz zum fiktiven Spiel, möglicherweise ein Anreiz, durch abweichendes Verhalten Einfluß auf zukünftige Entscheidungen zu nehmen.

Diesen Aspekt berücksichtigen Kalai und Lehrer [56], indem sie zulassen, daß die Spieler geschichtsabhängige Strategien wählen. Kalai und Lehrer unterstellen, die Spieler seien in folgendem Sinne rational: Jeder Spieler beginnt mit (beliebigen) Annahmen über das Verhalten der Mitspieler (deren geschichtsabhängige Strategie). Gegeben diese Annahmen bestimmt er eine optimale Strategie. Dabei sei unterstellt, daß er durchaus in jeder Periode auch eine gemäß einem Zufallsprozess gewählte Strategie des Normalformspiels wählen kann (gemischte Strategie), und dies auch in den Erwartungen über das Verhalten der Mitspieler zugelassen ist.

Im Gegensatz zu den Forderungen der Common Knowledge Annahme ist es in diesem Modell insbesondere nicht notwendig anzunehmen, daß die *Mitspieler* rational handeln. Ein Spieler muß lediglich die eigene Auszahlungsstruktur des Normalformspiels, sowie seine eigene Gewichtung zukünftiger Auszahlungen kennen.

Ziel jeden Spielers sei es, die erwartete Auszahlung des wiederholten Spiels zu maximieren gegeben seine subjektiven Erwartungen. Im Verlauf des Spiels werden die Spieler dabei ihre Erwartungen an die Realisierung anpassen, und somit möglicherweise lernen, das Verhalten der Mitspieler besser zu prognostizieren. Lernen ist in diesem Sinne kein Ziel für sich sondern eher eine Konsequenz des Maximierungskalküls. Aus diesem Grund fasst man solche Modelle auch unter dem Begriff *Rationales Lernen* zusammen.

Auch Kalai und Lehrer unterstellen, daß die Spieler ihre Erwartungen über das Verhalten der Mitspieler mit Hilfe der Regel von Bayes verbessern. Damit die Regel von Bayes sinnvoll angewendet werden kann, wird zusätzlich vorausgesetzt, daß den Ereignissen, die im Spiel auftreten können, eine positive (wenn auch möglicherweise sehr kleine) Wahrscheinlichkeit zugeordnet wird. Ist diese Annahme verletzt, so kann die Regel von Bayes keine eindeutige Zuordnung treffen, wenn dieses Ereignis tatsächlich eintritt, was dazu führt, daß jede beliebige Zuordnung zulässig wird und damit letztlich keine Prognose mehr ermittelt werden kann.

Das folgende Beispiel soll dieses Modell erläutern und seine Möglichkeiten beschreiben.

Beispiel 3.3 *Zwei Unternehmen konkurrieren in einem Markt, der nur noch für ein einziges Unternehmen positive Gewinne erlaubt. In jeder Periode entscheiden die Unternehmer simultan, ob sie anbieten, oder sich zurückziehen sollen. Das Normalformspiel hat somit folgende (symmetrische) Auszahlungsstruktur:*

		UNTERNEMEN 2	
		Z	A
UNTERNEHMEN 1	Z	0, 0	0, 2
	A	2, 0	-1, -1

Diese Entscheidungssituation besitzt zwei Gleichgewichte in reinen Strategien, eines in welchem Unternehmen 1 anbietet und Unternehmen 2 nicht sowie das entsprechende Gleichgewicht mit vertauschten Rollen.

Im Zusammenhang mit obigem Lernmodell, unterstellen wir, daß der Unternehmer 1 erwarte, Unternehmer 2 wähle eine Strategie folgender Art. Er biete bis zu einem im vorhinein gewählten Zeitpunkt jede Periode an. Stellt er fest daß sein Konkurrent innerhalb dieses Intervalls nachgibt, so bietet er weiterhin jede Periode an. Andernfalls gibt er nach und zieht sich vom Markt zurück. Formal wählt er also eine der folgenden Strategien:

Wähle A in den Perioden 1 bis T_2 oder wenn Unternehmer 1 ein Mal Z wählt. Wähle Z ab Periode $T_2 + 1$ falls der andere Unternehmer bis dahin A gewählt hat.

$T_2 = 0$ *bedeutet, daß von Anfang an Z gewählt wird, $T_2 = \infty$ daß immer A gewählt wird. Dasselbe unterstellen wir für Unternehmer 2 in Bezug auf seine Erwartungen an Unternehmer 1. So formuliert stellt das Spiel ein Marktaustrittsspiel dar. Die (ex ante) Erwartung sei durch einen Vektor* $\beta = (\beta_0, \beta_1, \dots, \beta_\infty)$ *für Unternehmer 1 gegeben, dessen Eintragungen eine* Wahrscheinlichkeitsverteilung *über die Strategien von Unternehmer 2 bilden, sowie einen entsprechenden Vektor α für Unternehmer 2.*

β_t *stellt also dar, mit welcher Wahrscheinlichkeit Spieler 2 die Strategie mit* $T_2 = t$ *wählt,* β_∞ *die Wahrscheinlichkeit, daß Spieler 2 immer A wählt. Sind in obigem Beispiel diese Erwartungen etwa derart, der andere Spieler werde mit einer positiven Wahrscheinlichkeit ε immer anbieten, oder sich sonst* *innerhalb von n Perioden zurückziehen*[1] $\beta = ((1-\varepsilon)/n, (1-\varepsilon)/n, \ldots, (1-\varepsilon)/n, 0, 0, \ldots, \varepsilon)$ *so kann es optimal für ihn sein, genau n Perioden zu warten, und anschließend nachzugeben.*

Jeder Spieler versucht somit einerseits den anderen Spieler dazu zu bringen nachzugeben, als auch andererseits herauszufinden, ob er tatsächlich nachgeben wird, und falls nicht, selbst nachzugeben.

Kalai und Lehrer zeigen, daß sich unter obigen Annahmen langfristig fast immer (annähernd) Nash-Verhalten einstellen wird, in dem Sinne, als die Spieler lernen, die Zukunft annähernd korrekt vorherzusagen und darauf mit optimierendem Verhalten reagieren. Dies bedeutet allerdings nicht, daß die Spieler die Strategie des Mitspielers (auch nur ungefähr) erlernen, sondern lediglich das Verhalten am Gleichgewichtspfad annähernd korrekt wiedergeben. In jedem Falle konvergieren jedoch die Erwartungen der Spieler, so daß die Spieler ein *Gleichgewicht in Bezug auf subjektive Erwartungen* spielen, in dem diese Erwartungen den zukünftigen Pfad korrekt wiedergeben.

Eine wesentliche Voraussetzung für dieses Ergebnis ist allerdings, daß die Spieler ihre eigene Auszahlungsstruktur tatsächlich kennen. Sind sie gezwungen diese erst durch die Erfahrung im Spiel zu lernen, so kann es tatsächlich geschehen, wie etwa Blume und Easley [19] zeigen, daß die Spieler niemals ein Gleichgewicht des Spiels mit vollkommener Information spielen.

Beispiel 3.4 *Nehmen wir an, das korrekte Grundspiel des wiederholten Spiels sei durch eine der beiden folgenden Auszahlungsmatrizen gegeben:*

	L	M	R
O	-1, 2	0, -2	1, $\frac{3}{2}$
U	-2, -2	-1, 1	$\frac{3}{2}$, 0

G^1

[1] Somit ist $\beta_t = 0$ für alle $t > n$.

	L	M	R
O	0, -2	-1, 2	1, 1
U	-1, 1	-2, -2	$\frac{3}{2}$, 0

G^2

Jedes der beiden Spiele sei gleich wahrscheinlich. Gehen zukünftige Auszahlungen nur in sehr geringem Ausmaß in die Nutzenfunktion ein, so sind die beiden einzigen Gleichgewichte (O, L), wenn das Spiel G^1 gespielt wird, und (O, M), wenn das Spiel G^2 gespielt wird. Das einzige Gleichgewicht in reinen Strategien des Spiels unvollkommener Information ist dagegen (U, R) in jeder Wiederholung des Grundspiels. Der oben formulierte Prozess konvergiert somit niemals zum Gleichgewicht des tatsächlich gespielten Spieles.

Dieses Beispiel zeigt die Grenzen 'rationalen Lernens', insbesondere da die Anwendung der Regel von Bayes sich nur unter sehr eingeschränkten Annahmen tatsächlich als 'rational' im Sinne eines Nutzenmaximierungskalküls herausstellt (siehe Blume und Easley [19]).

3.3 Wiederkehrende Interaktion

Unterstellt man, daß die Interaktion nicht wiederholt mit dem selben Individuum, sondern zwar wiederkehrend aber mit unterschiedlichen Personen wahrgenommen wird, stellt sich die Lernproblematik ebenfalls auf eine andere Weise dar. In einer solchen Situation, insbesondere wenn die Anzahl der Individuen denen man potentiell zugeordnet werden kann sehr groß ist, ist es dem Einzelnen nicht möglich Einfluß auf die Entscheidungen der Mitspieler zu nehmen. Dadurch werden die strategischen Möglichkeiten eingeschränkt und die Lernmodelle konsequenterweise simpler.

Dies ist insbesondere auch dann der Fall, wenn die Beobachtung der Aktionen der Mitspieler unmöglich, oder nur unter Aufwendung von Kosten erreicht werden kann. Der Lernprozeß wird sich dann zwangsläufig auf die Information die man aus der eigenen Auszahlung ziehen kann beschränken.

In diesem Zusammenhang wurden insbesondere für komplexe Entscheidungsprobleme adaptive Prozesse definiert. So haben bereits 1962 Sauermann und

Selten [76] einen solchen adaptiven Prozess in Bezug auf *Anspruchsniveaus* formuliert[2]. Sie beschreiben diesen Begriff in ihrer Arbeit folgendermaßen:

> Unter Anspruchsniveau wird dabei eine Leistungshöhe verstanden, die eine Versuchsperson sich bei der Erfüllung einer bestimmten Aufgabe als Ziel setzt.

Sauermann und Selten wenden das Konzept auf das Beschreiben des Verhaltens von Unternehmen an, und formulieren deshalb das Anspruchsniveau (das natürlich immer nur ein Mindestziel beschreibt) als mehrdimensionale Variable, wobei unterschiedlichen Dimensionen unterschiedliche Dringlichkeit bzw. Verzichtbarkeit zugeordnet wird. In der nachfolgenden Beschreibung werde ich Anspruchsniveau jedoch als eine eindimensionale Variable interpretieren, welche die erhoffte Auszahlung in einem konkreten Normalformspiel beschreibt.

Sie unterstellen, daß sich der Entscheidungsprozess, etwa innerhalb einer Unternehmung, im wesentlichen durch ein vereinfachtes Ablaufdiagramm (Abbildung 3.1) darstellen lässt, wobei hier nur der von ihnen als "Routinemodell" bezeichnete Ansatz dargestellt wird.

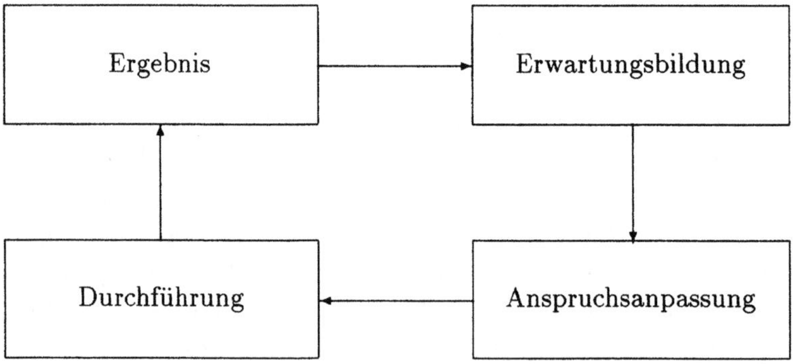

Abbildung 3.1: Routinemodell

Das entscheidende Individuum, wird unterstellt, geht von bestimmten Erwartungen – etwa über das Verhalten der anderen Beteiligten – aber auch von

[2] siehe auch Seite 32 bzw. Abschnitt 4.2 3

konkreten Vorstellungen über das in Abhängigkeit der gewählten Strategie zu realisierende Ergebnis aus. In Abhängigkeit vom Resultat wird dann einerseits das Anspruchsniveau und andererseits auch das Verhalten selbst angepasst. Da das Präferenzsystem in diesem Rahmen als fest vorausgesetzt gilt, kann man den adaptiven Prozeß im wesentlichen auf drei Schritte reduzieren: Ein bestimmtes Verhalten führt zu einem konkreten Ergebnis. Dies führt wiederum dazu, daß die Erwartungen angepasst werden und unter Umständen das Verhalten entsprechend korrigiert wird.

Man spricht in einem solchen Fall von *Erwartungsbildungsmodellen*, im Gegensatz zu sogenannten *Reaktionsmodellen*, welche unmittelbar aus dem realisierten Ergebnis eine Verhaltensänderung bestimmen, wie etwa das folgende Modell von Erev und Roth [32].

Erev und Roth beschreiben das Lernverhalten in einigen Experimenten erfolgreich, indem sie die 'Neigung' eines Spielers eine bestimmte Strategie zu wählen, durch die realisierte Auszahlung anpassen lassen: Die Neigung $q_{nk}(t+1)$ von Spieler n eine bestimmte (reine) Strategie k in Periode $t+1$ zu wählen, sei demnach

$$\begin{aligned} q_{nk}(t+1) &= q_{nk}(t) + x && \text{falls Strategie } k \text{ in der Vorperiode gewählt wurde} \\ q_{nk}(t+1) &= q_{nk}(t) && \text{sonst,} \end{aligned}$$

wobei x die realisierte Auszahlung in der Vorperiode ist. Die Wahrscheinlichkeit eine Strategie zu wählen sei dann $p_{nk}(t) = q_{nk}(t) / \sum q_{nk}(t),$.

Dieser Ansatz unterstellt, daß die Akteure in einer wiederkehrenden Entscheidungssituation gewissermaßen eine gemischten Strategie verwenden, und die Wahrscheinlichkeiten gemäß deren beobachtetem Erfolg anpassen[3].

Tatsächlich sind beide Ansätze, Erwartungsbildungsmodelle wie Reaktionsmodelle, formal äquivalent (siehe auch Kapitel 4.2). Jedes Lernmodell das wie oben beschrieben zwischen Ergebnis und Entscheidung zunächst das Anspruchsniveau anpasst, kann durch eine Verknüpfung dieser beiden Prozesse unmittelbar in ein Reaktionsmodell übergeführt werden. Umgekehrt kann man auch das Reaktionsmodell in ein Lernmodell mit Erwartungsbildung übertragen, wenn man die Erwartungen aus dem Aggregat der beobachteten Ergebnisse ableitet. Eine ausführliche Diskussion findet sich in Cheung und

[3] Cheung und Friedman [22] wählen einen allgemeineren exponentiellen Ansatz, der in erster Linie relativen Erfolg misst, und somit auch auf Spiele mit negativer Auszahlung angewendet werden kann.

Friedman [22]. Im folgenden sollen diese unter dem Begriff adaptiven Verhaltens zusammengefasst werden und in einem allgemeineren Rahmen und in Bezug auf eine wiederkehrende Entscheidungssituation analysiert werden.

Kapitel 4

Evolutionäre Spieltheorie

Im Folgenden soll adaptives Verhalten in einer (unendlich) großen Population untersucht werden, in welcher paarweise die selbe Entscheidungssituation wiederholt auftritt, die Zusammensetzung der Paare jedoch in jeder Wiederholung erneut durch einen Zufallsprozess erfolgt. Dieser Untersuchungsrahmen hat zwei Vorteile. Zunächst folgt aus der Annahme einer großen Population, daß das einzelne Individuum einen vernachläßigbaren Einfluß hat und damit der Anpassungsprozeß unabhängig vom einzelnen Individuum formuliert werden kann. Zum zweiten können jegliche Formen wiederholter Interaktion legitimer Weise ignoriert werden. Außerdem kann das einzelne Individuum immer einer reinen Strategie folgen, da die unter Umständen im Gleichgewicht erforderliche Mischung durch die Heterogenität der Population realisierbar wird.

Unterstellen wir also im weiteren, daß ein konkretes strategisches Entscheidungsproblem gewissermaßen beständig auftritt, mit immer neuen Partnern, bzw. innerhalb einer großen Bevölkerung. Weiterhin sei unterstellt, daß das einzelne Individuum nur einen vernachläßigbaren Einfluß auf diese Gesamtpopulation nimmt und ein einmal gewähltes Verhalten für einen bestimmten Zeitraum beibehält und dieses lediglich zu diskreten Zeitpunkten überdenkt, was eine gewisse Trägheit garantiert und damit ermöglicht sinnvollerweise ein adaptives Verhalten zu unterstellen.

Da eine solche Verhaltensanpassung Ähnlichkeit mit den Anpassungsprozessen aufweist, wie sie etwa in der Biologie formuliert wurden, wird dieser Bereich auch als *evolutionäre Spieltheorie* bezeichnet. Evolution, in dem Sinne, in dem sie in der Biologie verstanden wird, beruht im wesentlichen auf drei

Kräften: Selektion, Mutation und Vererbung.

Selektion beschreibt die Tatsache, daß sich unterschiedliche Ausprägungen (Genotypen) in der Überlebenswahrscheinlichkeit und der Zahl ihrer Nachkommen (Fitness) unterscheiden können. *Vererbung* sorgt dafür, daß die wesentlichen Aspekte, die diese Ausprägung charakterisieren, an die nächste Generation weitergegeben werden. Sie ist damit wesentlich verantwortlich, daß Selektion überhaupt effektiv wirken kann. Ist die Vererbung perfekt, so ist offensichtlich, daß langfristig die Genotypen dominieren, die im Mittel mehr Nachkommen hervorbringen (survival of the fittest). Selektion und Vererbung können allerdings nur fördern, was immer schon vorhanden war. Sie sind nicht in der Lage, neue Ausprägungen hervorzubringen. *Mutation*, also genaugenommen "Fehler" in der Reproduktion, schließt diese Lücke und bringt unter Umständen neue, bislang nicht existierende Verhaltensmuster zustande. Allerdings ist es wichtig, daß diese "Fehler" nur mit sehr geringer Wahrscheinlichkeit auftreten, um den Selektionsprozeß nicht unwirksam werden zu lassen.

Die Idee der Evolution geht auf die Arbeiten von Darwin (1859) und Mendel (1866) zurück. Die Biomathematik hat sich daraus in diesem Jahrhundert, beginnend mit den Arbeiten von Hardy (1908), Weinberg (1908) und Haldane (1932), entwickelt. Einen Überblick auch über die neuen Entwicklungen findet man bei Maynard Smith [63], der die Entwicklung wesentlich mitgeprägt hat.

In der ökonomischen Formulierung sind die Ausprägungen Verhaltensmuster einzelner Akteure. Vererbung entspricht der Annahme, daß ein (gewähltes) Verhalten für gewisse Zeit beibehalten wird, wobei die Wahrscheinlichkeit dafür durch den Selektionsprozeß mitbestimmt sein kann. Selektion wiederum wird durch das Auswahlverhalten beschrieben. Dabei soll im weiteren unterstellt werden, daß erfolgreichere Strategien (bzw. Verhaltensmuster) mit größerer Wahrscheinlichkeit gewählt werden als weniger erfolgreiche.

Hier soll zunächst von einem symmetrischen 2-Personen Normalform Spiel ausgegangen werden. In jeder Periode werden also aus der ganzen Bevölkerung erneut Paare gebildet, welche diese (strategische) Entscheidungssituation spielen. Da von einem symmetrischen Spiel ausgegangen wird, hat jeder Spieler genau den selben Strategienraum zur Verfügung und die Auszahlung für den einzelnen Spieler hängt einzig von den jeweils gespielten Strategien ab und nicht davon, ob er als Nummer 1 oder 2 des Paares ausgewählt wurde. Ist die Auszahlung für Spieler 1 durch eine Matrix A gegeben, wobei die Eintragung a_{ij} gerade die Auszahlung darstellt, welche Spieler 1 erhält, wenn er selbst die Strategie s_i und sein Gegenüber die Strategie s_j wählt, und andererseits die Auszahlung für Spieler 2 durch die Matrix B in der entsprechenden Form definiert, so gilt also im Falle eines symmetrischen Spiels $b_{hk} = a_{kh}$. Damit ist das Spiel durch die Angabe der Auszahlungsmatrix für den Zeilenspieler A bereits vollständig bestimmt.

Nehmen wir weiterhin an, das Spiel werde von einer großen Anzahl Individuen gespielt, die sich jeweils auf eine Strategie s_i festlegen, vergleichbar der genetischen Festlegung in der biologischen Modellierung. Besteht die Population aus genügend vielen Individuen, so kann man gemäß dem Gesetz der großen Zahl ein erwartetes Profil der Population (Zustand) z über dem Raum der reinen Strategien bilden. Damit ergibt sich die Auszahlung des i-Strategisten als $(Az)_i = \sum_j a_{ij} z_j$.

Die entscheidende Annahme der evolutionären Spieltheorie ist nun, daß diese Größe, also die (von der Population abhängige) Auszahlung, den relativen Erfolg einer Strategie bestimmt. Der Unterschied im Zusammenhang mit (handelnden) Spielern im Gegensatz zu "biologischen Individuen" besteht darin, daß die Spieler eine Strategie nicht erben (wenn auch durchaus unter Umständen gewisse Verhaltensmuster) sondern die Strategie wählen, bzw. das optimale Verhalten erlernen können.

4.1 Dynamik

Selbstverständlich gibt es viele unterschiedliche Möglichkeiten Anpassungsprozesse zu formulieren. Bei stetiger Modellierung der Zeit und bei einer großen Anzahl an Beteiligten kann die Veränderung im Verhalten jedoch annähernd durch ein System von Differentialgleichungen beschrieben werden

$$\dot{x}_i = G_i(x(t)) \qquad i = 1 \ldots n.^1 \tag{4.1}$$

Hierbei sei n die Anzahl der möglichen (reinen) Strategien, $x_i(t) \geq 0$ misst den Anteil der Bevölkerung, welcher zu einem bestimmten Zeitpunkt t die reine Strategie s_i wählt ($x(t) = (x_i(t))_{i=1}^n$, $\sum_{i=1}^n x_i = 1$). $\dot{x}_i$ gibt die (absolute) Veränderungsrate dieses Bevölkerungsanteils an. Ob diese positiv oder negativ ist, der Anteil x_i also wächst oder zurückgeht und wie stark diese Veränderung ist, bestimmt die Funktion G anhand des momentanen Zustandes der

[1] Im weiteren wird in der Regel unterstellt, daß die Veränderungsraten stetig differenzierbar im gesamten Zustandsraum sind, wodurch eine eindeutige Lösung des Systems (4.2) existiert.

Population. Die Wahl der Funktion G charakterisiert somit die Art der Dynamik. Da die Summe der Bevölkerungsanteile im Zeitablauf konstant ist, muß die Summe ihrer Veränderungsraten verschwinden ($\sum_i \dot{x}_i = \sum_i G_i(x) = 0$). Ausgehend von einem Anfangszustand der Population $x^0 = (x_i(0))_{i=1}^n$ definiert das System von Differentialgleichungen (4.1) eindeutig die Entwicklung der Bevölkerungsanteile. Für jeden Ausgangszustand kann ein Zeitpfad gefunden werden, der beschreibt wie sich die Bevölkerungsanteile gemäß dieser Dynamik entwickeln. Den kompletten Pfad $(x(t))_{t=0}^{\infty}$ für eine konkrete Ausgangssituation nennt man auch einen *Orbit* der Differentialgleichung.

Unterstellen wir im wesentlichen identisches Anpassungsverhalten aller Individuen, so sind die Veränderungsraten proportional zum jeweiligen Bevölkerungsanteil

$$\dot{x}_i = x_i \cdot g_i(x). \tag{4.2}$$

Da es Ziel jeden Individuums sei, eine möglichst hohe Auszahlung (Nutzen/ Gewinn) zu erzielen, aber im Gegensatz zur Analyse der Spieltheorie die *common knowledge Annahme* nicht erfüllt sei und das Individuum deshalb nur die aktuelle Auszahlung als Kriterium für seine Entscheidung nehmen kann, unterstellen wir, daß die Funktion g, welche die Wachstumsraten der Strategien bestimmt, monoton in den Auszahlungen ist: Eine Strategie s_i die erfolgreicher ist als eine andere Strategie s_j wird relativ zu dieser häufiger gewählt werden.

Eine Anpassungsregel g heißt somit *monoton*, wenn für alle x gilt

$$(Ax)_i > (Ax)_j \Leftrightarrow g_i(x) > g_j(x). \tag{4.3}$$

Dies schränkt die grundsätzlich denkbaren Anpassungsregeln deutlich ein und hat bereits interessante Implikationen: Ist beispielsweise eine (reine) Strategie s_j strikt dominiert durch eine andere (reine) Strategie s_i und damit $(Ax)_i > (Ax)_j$ für jeden Zustand x, so führt eine monotone Anpassungsregel dazu, daß das Verhältnis der Anteile beständig und damit letztlich mit einer exponentiellen Rate abnimmt, was bedeutet daß die dominierte Strategie durch den Ausleseprozeß langfristig eliminiert wird[2].

Da man in der Regel jedoch möchte, daß obige Monotonieeigenschaft nicht nur auf homogene Bevölkerungsanteile anzuwenden ist, formulierten Samu-

[2]siehe etwa Nachbar [67]

elson und Zhang [75] eine *aggregiert monotone* Anpassungsregel folgendermaßen[3]:

Eine Anpassungsregel g heißt *aggregiert monoton*, wenn gilt

$$yAx > zAx \Leftrightarrow y \cdot g(x) > z \cdot g(x).$$

Hierbei ist $yAx = \sum_{i,j} y_i a_{ij} x_j$ die durchschnittliche Auszahlung, welche die Gruppe mit dem Profil y erhält und $y \cdot g(x) = \sum_i y_i g_i(x)$ die durchschnittliche Veränderungsrate. Da die Gruppe jedoch nicht als Gruppe in Erscheinung tritt, ist diese Aussage lediglich lokal zu verstehen, mittelfristig wird sich durch die Dynamik auch die Gruppenzusammensetzung verändern. Jede aggregiert monotone Anpassungsregel, kann in folgender Form dargestellt werden[4]:

$$g_i(x) = \lambda(x)((Ax)_i - xAx), \tag{4.4}$$

wobei $\lambda(x)$ eine positive reellwertige Funktion darstellt.

Eine Spezialform davon stellt die sogenannte *Replikatordynamik* dar, bei welcher $\lambda(x) \equiv 1$ ist. Die Wachstumsrate der Bevölkerungsanteile ergibt sich in diesem Fall als Differenz zwischen eigener Auszahlung und Durchschnittsauszahlung. Diese Dynamik wurde zunächst entwickelt, um die Reproduktion von Makromolekülen zu beschreiben. Es stellte sich aber heraus, daß sie eine fundamentale Gleichung evolutionärer Modelle darstellt, welche insbesondere in der Modellierung biologischer Evolutionsmodelle einen breiten Raum einnimmt[5].

4.2 Imitation

Aber auch im ökonomischen Kontext kann die Replikatordynamik aus einem Modell simpler Imitation erfolgreichen Verhaltens abgeleitet werden[6]. Unterstellt man nämlich, wie oben formuliert, daß jedes Individuum eine reine Strategie wählt und diese von Zeit zu Zeit überdenkt und bezeichnet man mit

---

[3]Samuelson und Zhang formulierten diese für asymmetrische (Bimatrix-) Spiele, die Übertragung auf symmetrische Spiele ist jedoch offensichtlich.

[4]Ein Beweis findet sich bei Samuelson und Zhang [75], die sogar die entsprechende Aussage für asymmetrische Spiele bzw. Spiele mit heterogenen Populationen beweisen (siehe auch Weibull [88]).

[5]siehe Hofbauer und Sigmund [51]

[6]In Weibull [88] findet sich eine ausführliche Darstellung der folgenden Modelle.

$r_j(x)$ die Wahrscheinlichkeit, daß ein Spieler mit Strategie j diese überdenkt, und mit $p_j^i(x)$ die Wahrscheinlichkeit, daß er zu Strategie i wechselt, so erhält man als Dynamik

$$\dot{x}_i = \sum_j x_j r_j(x) p_j^i(x) - x_i r_i(x).$$

1. (Miß-) Erfolgsbestimmte Imitation:

   Nehmen wir an, die Wahrscheinlichkeit, die eigene Strategie zu überdenken, sei bestimmt durch den absoluten Erfolg ($r_i(x) = \rho((Ax)_i)$), wobei ρ eine beliebige monoton fallende (stetige) Funktion sei. Jeder übernehme die Strategie des erstbesten, dem er begegnet ($p_i^j = x_j$), so ergibt sich folgende monotone Anpassungsdynamik

   $$\dot{x}_i = x_i \left(\sum_h x_h \rho((Ax)_h - \rho((Ax)_i) \right).$$

   Ist ρ linear ($\rho(z) = \alpha - \beta \cdot z$), so ergibt sich (bis auf eine Konstante)

   $$\dot{x}_i = x_i \cdot \beta \left[(Ax)_i - x \cdot Ax \right],$$

   die Replikatordynamik.

2. Imitation erfolgreicher Spieler:

   Eine andere Möglichkeit, Imitation zu modellieren, ist folgende: Jeder Spieler beobachte die Strategie eines (zufällig ausgewählten) Mitspielers und imitiere dessen Verhalten. Unterstellen wir, daß Spieler mit höherer Auszahlung relativ häufiger ausgewählt werden (man könnte ebenso unterstellen, nur eine erfolgreichere Strategie werde übernommen, bei der Beobachtung der Auszahlung unterlaufe jedoch ein Fehler, dessen Dichtefunktion ein Maximum bei 0 habe). Die Wahrscheinlichkeit, daß der ausgewählte Mitspieler vom Typ i ist, betrage also $w((Ax)_i)$, wobei $w(.)$ monoton wachsend sei. So ergibt sich für die Übergangswahrscheinlichkeit

   $$p_j^i = \frac{x_i \cdot w((Ax)_i)}{\sum x_h w((Ax)_h)} \qquad (r_i(x) \equiv 1).$$

   Die Dynamik lautet dann

   $$\dot{x}_i = \sum_j x_j \cdot \frac{x_i w((Ax)_i)}{\sum_h x_h w((Ax)_h} - x_i = x_i \cdot \frac{w((Ax)_i) - \sum_h x_h w((Ax)_h}{\sum_h x_h w((Ax)_h}.$$

Wird unterstellt, daß die Wahrscheinlichkeit $w(.)$ linear ist

$$w(z) := \alpha + \beta z, \qquad \min\{a_{ij}\} > -\alpha/\beta, \max\{a_{ij}\} < (1-\alpha)/\beta,$$

so ergibt sich die Dynamik als

$$\dot{x}_i = x_i \cdot \frac{\beta}{\alpha + \beta\,(x \cdot Ax)} \left[(Ax)_i - x \cdot Ax\right],$$

was bis auf eine Skalierung wieder die Replikatordynamik darstellt.

3. Imitation aus Unzufriedenheit:

   Kann ein Spieler nur seine eigene Auszahlung beobachten, und hat er ein durch einen Zufallsprozeß bestimmtes Anspruchsniveau (er behält also die gewählte Strategie dann bei, wenn die Auszahlung höher ist als dieses Anspruchsniveau und wählt eine zufällig beobachtete Strategie, falls dies nicht der Fall ist), so ergibt sich unter Gleichverteilung der Anspruchsniveaus in $[\alpha, \beta]$ ($\alpha < \min\{(a_{ij})\}$, $\beta > \max\{(a_{ij})\}$)

$$\begin{aligned} \dot{x}_i &= x_i \frac{\beta - (Ax)_i}{\beta - \alpha} + x_i \sum_j x_j \frac{\beta - (Ax)_j}{\beta - \alpha} \\ &= \frac{1}{\beta - \alpha} x_i \left[(Ax)_i - x \cdot Ax\right], \end{aligned}$$

   wieder die Replikatordynamik.

Die Replikatordynamik stellt also tatsächlich eine Dynamik dar, welche recht gut Überlegungen eingeschränkt rationalen Verhaltens abbilden kann. Da sie zudem, wie später dargelegt, ähnliche Eigenschaften aufweist, wie alle anderen aggregiert monotonen Dynamiken, ist die folgende ausführliche Betrachtung der Replikatordynamik auch als Analyse eines Stellvertreters für eine ganze Klasse von Dynamiken zu sehen.

4.3 Eigenschaften der Replikatordynamik

Die Replikatordynamik ist auf dem Simplex ($\Delta_n = \{z | \sum_{i=1}^{n} z_j = 1, z_j \geq 0\}$) definiert. Sie weist allerdings kubische Terme auf und läßt sich nicht in geschlossener Form lösen. Dennoch hat sie eine Reihe angenehmer Eigenschaften, die es ermöglichen, gewisse Aussagen abzuleiten.

1. *Die Replikatordynamik bringt keine neuen Verhaltensmuster hervor.*

Ist eine Strategie im Anfangszustand $z(0)$ nicht vertreten ($z_i(0) = 0$), so bleibt sie es für immer ($z_i(t) = 0$ für jedes $t > 0$). Dies sieht man unmittelbar anhand der Definition der Replikatordynamik

$$\dot{x}_i = x_i((Ax)_i - x \cdot Ax). \tag{4.5}$$

Ist für ein i $x_i = 0$, so verschwindet die rechte Seite der entsprechenden Differentialgleichung und damit verändert sich die Größe x_i im Zeitablauf nicht.

Die Replikatordynamik schließt somit *Mutation* als wesentlichen Faktor evolutionärer Modellierung grundsätzlich aus. Um dennoch Mutation – oder ein Substitut für Mutation – zu integrieren ist es allerdings möglich, Gleichgewichtssituationen leicht zu stören und zu fragen ob die gestörte Lösung wiederum zum ursprünglichen Gleichgewicht zurückkehrt.

Die Tatsache, daß kein neues Verhalten innerhalb der Replikatordynamik generiert wird, erleichtert zudem auf einfache Art die Analyse der reduzierten Form einer strategischen Entscheidungssituation, in welcher nicht mehr alle Strategien des ursprünglichen Problems existieren. Die reduzierte Form kann wiederum als Replikatordynamik, nun jedoch von einer entsprechend geringeren Dimension, analysiert werden. Diese Eigenschaft wird insbesondere bei der Elimination dominierter Strategien benutzt, aber auch das Verhalten in der Nähe des Randes des Simplex kann durch das entsprechende kleinere System von Differentialgleichungen approximiert werden.

2. *Die Replikatordynamik ist unabhängig von linear monotonen Transformationen der Auszahlungsmatrix.*

   Die Replikatordynamik zur Auszahlungsstruktur $A = (a_{ij})$ führt somit zu den selben Orbits wie die Replikatordynamik zur transformierten Auszahlungsstruktur $B = (c_1 \cdot a_{ij} + c_2)$, lediglich die Geschwindigkeit, mit welcher diese Bahnen durchlaufen werden ändert sich möglicherweise:

$$\dot{x}_i = x_i \cdot \left[\sum_j b_{ij} x_j - \sum_{j,k} x_j \cdot b_{jk} x_k \right]$$

$$= \quad x_i \cdot \left[\sum_i (c_1 a_{ij} x_j - c_2) - \sum_{j,k} x_j \cdot (c_1 a_{jk} x_k - c_2) \right]$$

$$= \quad c_1 \cdot x_i \cdot \left[\sum_j a_{ij} x_j - \sum_{j,k} x_j \cdot a_{jk} x_k \right]$$

Da die Replikatordynamik lediglich relative Aspekte berücksichtigt ist sie zudem invariant in Bezug auf additive Transformationen einzelner Spalten: Sei $A' = (a_{ij} + d_j)$ so gilt

$$\begin{aligned}
\dot{x}_i &= x_i \cdot \left[\sum_j a'_{ij} x_j - \sum_{j,k} x_j \cdot a'_{jk} x_k \right] \\
&= x_i \cdot \left[\sum_j (a_{ij} x_j + d_j x_j) - \sum_{j,k} x_k \cdot (a_{kj} x_j + d_j x_j) \right] \\
&= x_i \cdot \left[\sum_j a_{ij} x_j - \sum_{j,k} x_k \cdot a_{kj} x_j + \sum_j d_j x_j - \sum_k x_k \sum_j d_j x_j \right] \\
&= x_i \cdot \left[\sum_j a_{ij} x_j - \sum_{j,k} x_j \cdot a_{jk} x_k \right].
\end{aligned}$$

Die Dynamik jeweils einer ganzen Klasse von Spielen ist somit identisch, was die Analyse teilweise wesentlich erleichtert. Insbesondere kann jede denkbare Auszahlungsstruktur derart angepasst werden, daß die Diagonalelemente der Auszahlungsmatrix verschwinden ($a_{ii} = 0,\ i = 1 \ldots n$), eine Eigenschaft, welche sich in einer Reihe von Beweisen als sehr nützlich erweist.

3. *Jedes Nash-Gleichgewicht ist Fixpunkt der Replikatordynamik.*

   Ein Fixpunkt ist ein Zustand, der durch die Dynamik nicht verändert wird, also ein Zustand mit der Eigenschaft $\dot{x}_i = 0$ für jedes i.

   Im Nash-Gleichgewicht erhält jede aktive Strategie die selbe (maximale) Auszahlung, die damit gleich der durchschnittlichen Auszahlung ist. Aus Gleichung (4.3) sieht man, daß diese Aussage auch allgemein für alle monotonen Anpassungsregeln gilt, da alle aktiven Strategien genau das selbe $g_i(x)$ aufweisen, das wegen der Invarianz der gesamten Bevölkerungsanteile dann gerade verschwinden muß. Allerdings ist nicht jeder Fixpunkt gleichzeitig ein Nash-Gleichgewicht: Wegen der Invarianz jedes Teilsimplex ist insbesondere jeder Zustand, der lediglich eine einzige reine Strategie beinhaltet ein Fixpunkt, nicht jede reine Strategie stellt jedoch ein Nash-Gleichgewicht dar. Die folgende dynamische Analyse zeigt jedoch, daß die evolutionäre Modellierung dennoch eine Auswahl liefert, die die Menge der Gleichgewichte durchaus einschränkt.

4. Das nächste Resultat bezieht sich auf die langfristige Betrachtung des dynamischen Systems.

   Ist $(z(t))_{t=0}^{\infty}$ eine Lösung der Replikatorgleichung (ein Orbit*) die eine kompakte Menge im Inneren des Simplex nicht verläßt, so gilt*

$$\lim_{T\to\infty} \frac{1}{T}\int_0^T z_i(t)dt = p_i,$$

   wobei p_i ein (innerer) Fixpunkt der Replikatordynamik ist.

   Selbst im Falle komplexer Zyklen oder gar bei chaotischen Orbits konvergiert das Zeitmittel der Orbits gegen einen Fixpunkt. Damit kann aber auch umgekehrt gefolgert werden: Weist die Gleichung keinen inneren Fixpunkt auf, so streben alle Orbits gegen den Rand.

5. Auch das relative Abschneiden unterschiedlicher Strategien kann für die Replikatorgleichung einfach und intuitiv dargestellt werden.

   Die relativen Bevölkerungsanteile ändern sich gemäß

$$\frac{d}{dt}\left(\frac{x_i}{x_j}\right) = \frac{\dot{x}_i \cdot x_j - \dot{x}_j \cdot x_i}{x_j^2} = \left[\frac{\dot{x}_i}{x_i} - \frac{\dot{x}_j}{x_j}\right] \cdot \frac{x_i}{x_j}$$

   was bedeutet, daß sich die jeweiligen Durchschnittsauszahlungen xAx der Replikatordynamik aufheben:

$$\frac{d}{dt}\left(\frac{x_i}{x_j}\right) = \frac{x_i}{x_j} \cdot ((Ax)_i - (Ax)_j) .$$

   Wird eine (reine) Strategie i strikt dominiert, so ist der rechte Term strikt negativ. Dies bedeutet, daß das Verhältnis der beiden Strategien exponentiell gegen Null strebt und die dominierte Strategie im Zeitablauf verschwinden wird. Es ist leicht einsichtig, daß dieses Ergebnis allgemein, also auch für die Dominanz durch gemischte Strategien sowie nicht nur für die Replikatordynamik sondern für jede aggregiert monotone Dynamik gelten muß.

Früher wurde bereits festgestellt, daß eine beste Antwort niemals strikt dominiert sein kann. Im Falle eines 2 Personenspiels gilt jedoch auch die Äquivalenz, daß eine *undominierte* Strategie s_i, also eine Strategie welche nicht strikt dominiert ist, auch immer eine beste Antwort für mindestens eine gemischte Strategie des Gegenspielers darstellt, sowie daß eine Strategie welche beste Antwort auf eine (gemischte) Strategie ist, auch immer undominiert ist[7].

Daher kann obiges Ergebnis auch folgendermaßen formuliert werden: Jede aggregiert monotone Dynamik eliminiert Verhaltensweisen, welche irrational in dem Sinne sind, als sie für keine Erwartung in Bezug auf das Verhalten des Partners optimal sind.

Da diese Strategien dauerhaft eliminiert werden, und zwar mit exponentieller Rate, und die Auszahlungsfunktion stetig ist, kann diese Argumentation auch auf die reduzierte Auszahlungsmatrix angewandt werden, die sich ergibt, wenn alle dominierten Strategien entfernt werden. Damit gilt dieses Ergebnis auch für alle *iteriert strikt dominierten* reinen Strategien[8]. Das Argument der iterierten Elimination dominierter Strategien ist somit robust, auch wenn, wie in den hier formulierten Anpassungsdynamiken, weder perfekte Rationalität noch die common knowledge Annahme zugrundegelegt werden.

Diese Erkenntnisse sollen nun benutzt werden, Aussagen über die langfristigen Ergebnisse eines solchen adaptiven Prozesses zu gewinnen.

4.4 Stabilität

Die Replikatordynamik formuliert ein Art von Selektion. Fixpunkte stellen Situationen dar, in denen der Selektionsprozeß keinen Einfluß mehr auf die Zusammensetzung der Population bewirkt. Da wir aber am Ergebnis der Selektion (und an den Auswirkungen von Mutation) interessiert sind, suchen wir einerseits eine Antwort auf die Frage, wohin sich ein Orbit (abhängig vom Ausgangszustand) entwickelt, und andererseits inwieweit sich (kleine) Störungen auf ein Gleichgewicht auswirken.

[7] siehe Pearce [72]

[8] Der Beweis hierfür findet sich in Samuelson und Zhang [75] für asymmetrische Spiele, bzw. für Spiele mit heterogenen Bevölkerungen. Der Beweis für symmetrische Spiele mit nur einer Population findet sich in Weibull [88].

Die Menge aller Häufungspunkte eines Orbit mit Ausgangspunkt $x(0) = x^0$, also diejenigen Zustände, welchen der Orbit immer wieder beliebig nahe kommt, heiße *ω-Limes* ($\omega(x^0)$). Der ω-Limes stellt somit die langfristigen Folgen der Selektionsdynamik dar. Mit seiner Hilfe kann nun auch die Frage der Stabilität von Fixpunkten formuliert werden. Ein Fixpunkt z heißt dann *asymptotisch stabil*, wenn es eine offene Umgebung $W(z)$ gibt, so daß der ω-Limes für jeden Punkt aus W mit z übereinstimmt. Die Menge der Punkte, deren ω-Limes gleich z ist heißt Anziehungsbereich *basin of attraction* von z. Dieses ist eine offene Menge des Simplex. Ist es der gesamte Simplex, so heißt z *global stabil*.

Ein asymptotisch stabiler Fixpunkt ist somit immun gegen (kleine) Mutationen. Ein global stabiler Fixpunkt wird durch die Selektion, unabhängig vom (vollständig gemischten) Ausgangszustand, immer ausgewählt. Findet sich somit in einer konkreten Entscheidungssituation ein global stabiler Fixpunkt, so ermöglicht die Anpassungsdynamik das Gleichgewichtsauswahlproblem zu lösen, und zwar mit vergleichsweise geringer Rationalitätsanforderung.

Dennoch bleiben einige Fragen offen: Unter welchen Umständen führt die Dynamik zu einem eindeutigen Gleichgewicht und erlaubt somit eine eindeutige Prognose in Bezug auf das sich langfristig einstellende Verhalten der Individuen? Welche Aussagen kann man treffen, wenn kein solcher global stabiler Fixpunkt existiert? Kann man in jedem Fall erwarten, daß die Dynamik konvergiert und welche Eigenschaft hat ein Fixpunkt der Dynamik, der als langfristiges Gleichgewicht der Dynamik gewählt wird?

Aus den obigen Ausführungen ist abzuleiten, daß die Replikatordynamik jedenfalls dann das (eindeutige) Nash-Gleichgewicht auswählt, wenn dieses durch iteriert strikte Elimination bestimmt ist. Aber auch wenn iteriert strikte Elimination nicht zu einem eindeutigen Gleichgewicht führt, ist es dennoch zulässig sich auf die Menge der undominierten Strategien zu beschränken. Um dieses reduzierte Spiel zu analysieren, soll zunächst ein weiterer Gleichgewichtsbegriff vorgestellt werden.

4.5 Evolutionär stabile Strategie

Die Population sei nun im Gegensatz zur obigen Formulierung homogen, dafür sei nun unterstellt, daß die Spieler nicht nur reine Strategien wählen.

Eine (möglicherweise gemischte) Strategie p heißt *evolutionär stabil*, wenn für alle Strategien $q \neq p$ und alle $\epsilon > 0$ genügend klein gilt:

$$q \cdot A(\epsilon q + (1-\epsilon)p) < p \cdot A(\epsilon q + (1-\epsilon)p).$$

Eine mögliche Formulierung (die auch im biologischen Kontext Sinn macht) ist folgende: Eine Population, deren Individuen die (möglicherweise gemischte) Strategie p spielen, ist immun gegen Mutation, wenn sie nicht erfolgreich durch eine beliebige andere Strategie verdrängt werden kann.

Äquivalent kann man diese Bedingung auch durch die beiden folgenden Bedingungen beschreiben.

1. Gleichgewichtsbedingung

$$q \cdot Ap \leq p \cdot Ap \quad \text{für alle gemischten Strategien } q$$

2. Stabilitätseigenschaft

$$\text{ist } q \neq p \text{ und } q \cdot Ap = p \cdot Ap, \text{ dann gilt } q \cdot Aq < p \cdot Aq$$

Die 1. Bedingung ist genau die Definition eines (symmetrischen) Nash-Gleichgewichts.

Die 2. Bedingung stellt sicher, daß sich die Gleichgewichtsstrategie auch als erfolgreich gegen jede andere beste Antwort erweist.

Jede evolutionär stabile Strategie impliziert somit ein symmetrisches Nash-Gleichgewicht. Die folgenden Beispiele zeigen jedoch, daß nicht jedes symmetrische Nash-Gleichgewicht auch eine evolutionär stabile Strategie sein muß, daß es auch mehrere evolutionär stabile Strategie geben kann bzw. daß nicht notwendigerweise immer eine evolutionär stabile Strategie existieren muß.

Beispiel 4.1 *Betrachten wir das folgende Koordinationsspiel.*

		Spieler 2	
		s_1	s_2
Spieler 1	s_1	2, 2	0, 0
	s_2	0, 0	2, 2

Sei $p = (\frac{1}{2}, \frac{1}{2})$ *die gemischte Strategie, welche jede der beiden reinen Strategien mit gleicher Wahrscheinlichkeit wählt, so ist* (p,p) *ein symmetrisches Nash-Gleichgewicht des Normalformspiels, aber keine evolutionär stabile Strategie. Ersteres liegt daran, daß die erwartete Auszahlung unabhängig von der eigenen Wahl* $(u_1(s_i,p) = 1)$ *ist. Letzteres erkennt man leicht daran, daß jede reine Strategie gleich erfolgreich wie die Gleichgewichtsstrategie im Spiel gegen diese ist, gegen sich selbst ist die reine Strategie jedoch erfolgreicher als die (gemischte) Gleichgewichtsstrategie* $(u_1(s_i,s_i) = 2 > u_1(p,s_i) = 1)$.

Dennoch besitzt dieses Spiel sogar zwei evolutionär stabile Strategien, die beiden reinen Populationen $(p^a = (1,0)$ *und* $p^b = (0,1))$. *Beide Gleichgewichte sind* strikte *Nash-Gleichgewichte, also Gleichgewichte, in denen die Gleichgewichtsstrategie strikt besser als jede andere Strategie ist. Strikte Nash-Gleichgewichte erfüllen jedoch immer die Stabilitätseigenschaft, aus dem einfachen Grund, weil keine andere als die Gleichgewichtsstrategie die selbe Auszahlung realisieren kann.*

Jede evolutionär stabile Strategie ist ein (symmetrisches) Nash-Gleichgewicht, aber nicht jedes Nash-Gleichgewicht ist evolutionär stabil. Das Konzept der evolutionär stabilen Strategie ist also ein echtes Verfeinerungskonzept zum Nash-Gleichgewicht. Insbesondere ist die Anzahl evolutionär stabiler Strategien immer endlich, wohingegen die Anzahl Nash-Gleichgewichte häufig unendlich ist. Leider kann die Existenz einer evolutionär stabilen Strategie im Allgemeinen nicht sichergestellt werden, wie das nachfolgende Beispiel zeigt.

Beispiel 4.2 *Betrachten wir das folgende zyklisch symmetrische Normalformspiel mit drei reinen Strategien* (s_1, s_2, s_3) *und der Auszahlungsmatrix für den Zeilenspieler* A[9].

$$A = \begin{pmatrix} \epsilon & 1 & -1 \\ -1 & \epsilon & 1 \\ 1 & -1 & \epsilon \end{pmatrix}$$

Das zugehörige Normalformspiel lautet dann

[9] Für den Wert $\epsilon = 0$ ist dieses Spiel als Kinderspiel unter dem Namen *Stein-Schere-Papier* geläufig. In Abschnitt 7.2 wird gezeigt, daß das Spiel mit $\epsilon > 0$ als Auktion mit risikoaversen Akteuren interpretiert werden kann.

		Spieler 2 s_1	Spieler 2 s_2	Spieler 2 s_3
Spieler 1	s_1	ϵ, ϵ	1, -1	-1, 1
	s_2	-1, 1	ϵ, ϵ	1, -1
	s_3	1, -1	-1, 1	ϵ, ϵ

Das so definierte Normalformspiel besitzt ein eindeutiges Nash-Gleichgewicht (in gemischten Strategien) $p = (\frac{1}{3}, \frac{1}{3}, \frac{1}{3})$, aber für $0 < \epsilon < 1$ keine evolutionär stabile Strategie. Da das Spiel ein eindeutiges Gleichgewicht besitzt, kommt lediglich dieses als evolutionär stabile Strategie in Frage. Jede reine Strategie isbesondere s_1 ist im Träger der Gleichgewichtsstrategie, und ist somit ebenso erfolgreich wie diese. Die Gleichgewichtsstrategie erhält jedoch im Spiel gegen die reine Strategie eine erwartete Auszahlung von $u_1(p, s_1) = \frac{1}{3}(\epsilon + 1 - 1) < u_1(s_1, s_1) = \epsilon$. Aus Symmetriegründe bedeutet dies, daß jede reine Strategie erfolgreich eindringen kann.

Offensichtlich ist das Konzept der evolutionär stabilen Strategie recht restriktiv. Das Konzept ist zudem, auch wenn es auf einer dynamischen Idee beruht, wie auch der Begriff des Nash-Gleichgewichtes ein rein statisches. Es untersucht zwar die Auswirkung von Mutation, formuliert jedoch keinen Ansatz für Selektion. Dennoch führt dieser Begriff tatsächlich zu dynamischen Aussagen[10].

1. Ist p eine evolutionär stabile Strategie, so ist p asymptotisch stabil (Taylor und Jonker [85]).
2. Ist p eine vollständig gemischte evolutionär stabile Strategie, so ist p global stabil.

Beide Aussagen können mit Hilfe des folgenden 'Entropiemaßes' gezeigt werden: Sei p eine evolutionär stabile Strategie und $\text{Tr}(p) = \{i \mid p_i > 0\}$ der Träger von p, die Menge der reinen Strategien, welche durch die gemischte Strategie p mit strikt positiver Wahrscheinlichkeit belegt werden, so kann für jede vollständig gemischte Strategie y das Maß

$$H_p(y) = \sum_{i \in \text{Tr}(p)} p_i \log\left(\frac{p_i}{y_i}\right)$$

[10] siehe dazu auch Bomze und van Damme [20]

definiert werden.

Dieses Maß kann stetig auf dem Träger von p fortgesetzt werden und stellt so etwas wie den Abstand von y von der (gemischten) Strategie p im Raum aller gemischten Strategien dar. Offensichtlich ist $H_p(y) = 0 \Leftrightarrow y = p$ und $H_p(y) > 0$ sonst. Da p evolutionär stabil ist, gilt entlang jeden Orbits, der in der Nähe von p startet (im Falle eines vollständig gemischten evolutionär stabilen Gleichgewichtes sogar für jeden Orbit der im Inneren des Simplex startet), daß der Wert von H beständig fällt ($\dot{H}_p(y) < 0$). Dies impliziert, daß diese Orbits sich in Bezug auf die Potentiallinien des 'H-Gebirges' beständig nach unten bewegen und im Limes im Gleichgewicht p enden. Die Beweisidee geht zurück auf den Ansatz von Ljapunov[11] und wurde durch Taylor und Jonker [85] auf das Problem angewandt.

Das folgende Beispiel zeigt jedoch, daß umgekehrt ein (dynamisch) stabiles Gleichgewicht nicht notwendigerweise evolutionär stabil sein muß.

Beispiel 4.3 *Hat die Matrix folgende Gestalt ($k_i > 0$), so spricht man von einem Hyperzyklus:*

$$A = \begin{pmatrix} 0 & 0 & 0 & k_4 \\ k_1 & 0 & 0 & 0 \\ 0 & k_2 & 0 & 0 \\ 0 & 0 & k_3 & 0 \end{pmatrix}$$

Das eindeutige (vollständig gemischte) Nash-Gleichgewicht ist global stabil, aber keine evolutionär stabile Strategie[12]. Der Grund für diese, auf den ersten Blick etwas überraschende Aussage liegt in der sehr restriktiven Definition der evolutionär stabilen Strategie. Diese muß erfolgreicher als jede andere (gemischte) Strategie sein. Diese Eigenschaft ist jedoch für die Bestimmung eines asymptotisch stabilen Fixpunktes nicht erforderlich. Es genügt, wenn die eindringende Population weniger erfolgreich als eine beliebige andere Strategie ist, von dieser verdrängt wird, und sich die ursprüngliche Gleichgewichtsstrategie im Mittel als erfolgreicher erweist. Es ist also durchaus möglich, daß sich ein Orbit zeitweise vom Gleichgewicht entfernt, wie die folgende

[11] siehe z.B. Hirsch und Smale [47]

[12] Der Beweis findet sich im Kapitel 9.4.

Abbildung 4.1 für die Parameterkonstellation $k_1 = 2, k_2 = 1, k_3 = 2, k_4 = 1$ *veranschaulicht.*

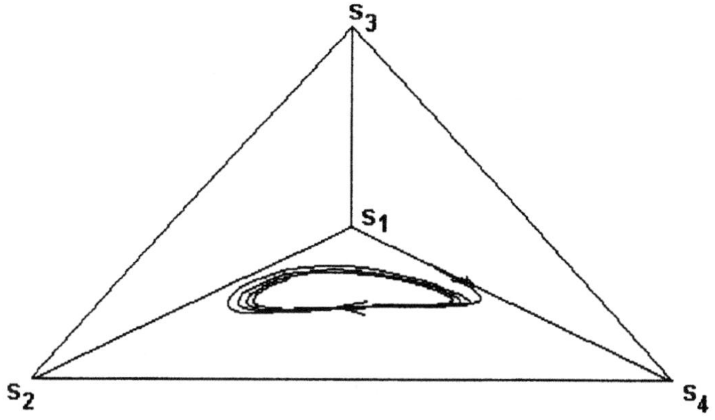

Abbildung 4.1: Orbit

4.6 Asymptotisch stabile Gleichgewichte

Die Charakterisierung evolutionär stabiler Strategien ermöglicht eine eingeschränkte Beurteilung darüber, ob ein global stabiles Gleichgewicht existiert (Existenz einer vollständig gemischten evolutionär stabilen Strategie) oder nicht (Existenz mehrerer evolutionär stabiler Strategien). Häufig existiert jedoch gar keine evolutionär stabile Strategie. Selbst in diesen Fällen kann ein global stabiles Gleichgewicht existieren, wie das vorangegangene Beispiel 4.3 zeigte.

Die folgenden Beispiele 4.4 und 4.5 zeigen jedoch, daß Orbits nicht in jedem Fall gegen einen Fixpunkt streben müssen, sondern sich auch einem periodischen Orbit annähern oder auch gegen einen *heteroclinen Zyklus* also einen Pfad, der verschiedene Fixpunkte (Sattelpunkte) verbindet, streben können.

Beispiel 4.4 *Die folgende Matrix stellt eine Variante von Beispiel 4.2 dar, ein zyklisch symmetrisches Normalformspiel mit dem eindeutigen Nash-Gleichgewicht* $p = (\frac{1}{3}, \frac{1}{3}, \frac{1}{3})$. *Der Parameter* μ *beeinflusst wesentlich die Stabilitätseigenschaft des inneren Fixpunktes*[13].

$$A = \begin{pmatrix} 0 & 1 & -\mu \\ -\mu & 0 & 1 \\ 1 & -\mu & 0 \end{pmatrix}$$

Ist $\mu = 1$, *so sind alle Orbits geschlossen, das Zeitmittel entspricht genau dem eindeutigen Nash-Gleichgewicht. Ist* $\mu > 1$, *so ist das vollständig gemischte Nash-Gleichgewicht nicht asymptotisch stabil. Alle Orbits streben zum Rand. Allerdings existiert auch am Rand kein stabiler Fixpunkt. Somit streben die Orbits gegen den Pfad, der die drei Ecken des Simplex verbindet, ein* heterocliner Zyklus.

Beispiel 4.5 *Auch das durch die folgende Matrix bestimmte symmetrische Normalformspiel besitzt ein eindeutiges Nash-Gleichgewicht.*

$$A = \begin{pmatrix} 0 & 1 & \mu & 0 \\ 0 & 0 & 1 & \mu \\ \mu & 0 & 0 & 1 \\ 1 & \mu & 0 & 0 \end{pmatrix}$$

Ist $\mu \geq 0$, *so ist dieses global stabil. Ist* $\mu < 0$, *so ist das eindeutige Nash-Gleichgewicht lokal instabil . Dennoch streben die Orbits nicht gegen den*

[13] Im Anhang wird diese Aussage mit Hilfe der Linearisierung des dynamischen Systems am inneren Fixpunkt gezeigt.

Rand des Simplex falls μ nicht zu klein wird. Die Dynamik besitzt in diesem Falle einen periodischen Orbit, der ein (globaler) Attraktor ist[14].

Strebt ein Orbit mit einem vollständig gemischten Startwert jedoch gegen einen Fixpunkt, so stellt dieser in jedem Falle auch ein symmetrisches Nash-Gleichgewicht dar.

Ist ein Zustand p asymptotisch stabil, so ist das Strategienpaar (p, p) ein Nash-Gleichgewicht.

Die Idee ist einfach: Ist der Zustand p vollständig gemischt, so ist die Aussage trivial, da in jedem vollständig gemischten Fixpunkt alle Strategien die selbe Auszahlung erhalten. Ist andererseits in einem asymptotisch stabilen Fixpunkt eine Strategie nicht vertreten und setzt sich dieser dennoch gegen diese Strategie durch, so kann diese jedenfalls nicht strikt besser (in einer Umgebung) als die Strategie p gegen sich selbst sein.

Es gilt sogar: Ist ein Fixpunkt p ω-Limes für einen beliebigen (vollständig gemischten) Ausgangszustand und eine beliebige monotone Anpassungsdynamik, so ist das Strategienpaar (p, p) ein Nash-Gleichgewicht (siehe Nachbar [67]).

Die Modellierung eines adaptiven Prozesses liefert somit in weiten Bereichen eine Rechtfertigung für die Analyse rationalen Verhaltens, selbst wenn die einzelnen Akteure nur in einem sehr eingeschränktem Maße als rational bezeichnet werden können. Voraussetzung ist lediglich, daß die Entscheidungssituation häufig auftritt, und die Auszahlungen vergleichbar sind. Sucht man nach asymptotisch stabilen Gleichgewichten einer (aggregiert monotonen) Anpassungsdynamik, etwa der Replikatordynamik, so findet man nicht nur rationales Verhalten im Sinne der Spieltheorie, sondern sogar ein Verfeinerungskonzept des gängigsten Gleichgewichtskonzeptes, des Nash-Gleichgewichts. Selbst in Situationen, in denen Stabilität der Dynamik nicht gesichert werden kann, gilt in der Regel, daß im Zeitmittel die verwendeten Strategien gegen die Gleichgewichtsstrategie streben.

[14] $\mu = 0$ ist somit eine Hopf Bifurkation, ein Punkt an dem sich das Stabilitätsverhalten des Fixpunktes umkehrt. Aus einem asymptotisch stabilen Fixpunkt, wird ein instabiler. Rein mathematisch gesehen liegt dies an den Eigenwerten der Jacobimatrix (siehe Anhang), welche zunächst strikt negativen Realteil aufweisen. An der Hopf Bifurkation überquert ein Paar konjugiert komplexer Eigenwerte die imaginäre Achse.

4.7 Asymmetrische Spiele

Bislang hatten wir unterstellt, das untersuchte Spiel sei symmetrisch und dabei (mittelbar) unterstellt, Zeilenspieler und Spaltenspieler seien ununterscheidbar. Zwei Gründe können für eine asymmetrische Situation ausschlaggebend sein. Einerseits kann die Entscheidungssituation als solche asymmetrisch sein ($B \neq A^T$), wobei in dieser Situation die Anzahl reiner Strategien auch unterschiedlich sein kann. Aber selbst wenn das Entscheidungsproblem an und für sich symmetrisch ist, ist es möglich, daß die Partner aus unterschiedlichen Gruppen ausgewählt werden, den Zeilen- und den Spaltenspielern. Allein die Tatsache, daß den Spielern bewusst ist, ob sie jeweils Zeilen- oder Spaltenspieler sind, kann eine solche Asymmetrie hervorrufen. Daß dies zum beiderseitigen Vorteil sein kann, zeigt das folgende simple (Dis-) Koordinationsproblem.

Beispiel 4.6

SPIELER 2

SPIELER 1		s_1	s_2
	s_1	*0, 0*	*1, 1*
	s_2	*1, 1*	*0, 0*

Eine typische Situation für eine solche Entscheidungssituation ist etwa ein Durchgang, an dem lediglich eine Person passieren kann. Treffen zwei Personen gleichzeitig an den beiden entgegengesetzten Enden ein, so stellt sich ein Koordinationsproblem, in dem effizienterweise einer dem anderen den Vortritt lässt.

Versucht man ein solches Problem symmetrisch zu lösen, wie etwa in den vorangegangenen Beispielen, so ergibt sich als einziges symmetrisches Nash-Gleichgewicht die gemischte Strategie ($p = (\frac{1}{2}, \frac{1}{2})$). Diese ist bezüglich jeder aggregiert monotonen Dynamik global stabil, wird jedoch Pareto dominiert durch die beiden asymmetrischen Gleichgewichte ($p^a = (0,1)$) und ($p^b = (1,0)$). Während das symmetrische Gleichgewicht jedem der beiden Spieler eine erwartete Auszahlung von $u_i^* = \frac{1}{2}$ liefert, stiften die reinen (asymmetrischen) Gleichgewichte eine sichere Auszahlung $u_i^* = 1$. Können die Teilnehmer feststellen, ob sie Zeilen- oder Spaltenspieler sind, im Beispiel könnte etwa der Eintretende der Zeilenspieler sein, der das Gebäude verlässt der Spaltenspieler, so ist möglicherweise zu erwarten, daß eine entsprechende Dynamik zu einem der beiden asymmetrischen Nash-Gleichgewichte führen wird. Dies ist tatsächlich der Fall, wie die Modellierung im folgenden Abschnitt zeigt.

4.7.1 Bimatrix Spiele

Unterstellen wir nun also eine asymmetrische Entscheidungssituation, bzw. eine symmetrische, in welcher Zeilen- und Spaltenspieler unterschiedlichen Gruppen angehören. Die Auszahlungsstruktur für den Zeilenspieler ist somit durch die Matrix A, diejenige für den Spaltenspieler durch die Matrix B gegeben.

Damit lautet die zugehörige Replikatordynamik

$$\begin{aligned}\dot{x}_i &= x_i\big((Ay)_i - x \cdot Ay\big)\\ \dot{y}_i &= y_i\big((B^T x)_i - y \cdot B^T x\big),\end{aligned}$$

wobei x_i die Anteile der (Zeilen-) Spieler wiedergibt, welche die Strategie s_i^Z wählen, während y_i die Anteile der (Spalten-) Spieler wiedergibt, welche die Strategie s_i^S wählen[15].

Auch die Verallgemeinerung des Konzeptes der evolutionär stabilen Strategie auf Bimatrix Spiele erfordert nur eine geringe Veränderung der Definition: Ein Paar (p, q) ist dann evolutionär stabil, wenn

$$\begin{aligned}p \cdot Aq &> x \cdot Aq \quad \text{für alle } x \neq p\\ q \cdot B^T p &> y \cdot B^T p \quad \text{für alle } y \neq q.\end{aligned}$$

Der Grund, weshalb in den obigen Bedingungen strikte Ungleichheit gelten muß (im Gegensatz zur schwachen Ungleichheit bei der Formulierung evolutionär stabiler Strategien für monomorphe Populationen in symmetrischen Spielen (siehe Seite 59)), liegt darin, daß wir hier keine Stabilitätsbedingung formulieren können. Die eindringende Bevölkerung ist vom selben Typ (Zeilen- bzw. Spaltenspieler) wie die ursprüngliche, und kann deshalb nicht

[15] Die Einträge der Auszahlungsmatrizen ordnen jeweils den ersten Index der Strategienwahl des Zeilenspieler, den zweiten Index der Wahl des Spaltenspielers zu. Deshalb muß die Dynamik, um konsistent die Auszahlung für den Spaltenspieler zu bestimmen zunächst transponiert werden.

direkt gegen diese antreten, sondern lediglich gegen die (unveränderte) Gegenspielerpopulation. Von dieser Veränderung ist auch nicht die invadierte Population betroffen, sondern ausschließlich die entgegengesetzte Bevölkerung. Ist eine andere als die Gleichgewichtsstrategie gleich erfolgreich wie diese, so kann kein Selektionsdruck deren Eindringen verhindern[16].

Da in einem Gleichgewicht in gemischten Strategien wegen des *Fundamentallemmas* der Spieltheorie (siehe Seite 14) alle zugehörigen reinen Strategien die gleiche Auszahlung aufweisen, hat dies zur Folge, daß ein gemischtes Gleichgewicht in einem Bimatrixspiel niemals evolutionär stabil sein kann. In Bimatrix-Spielen können somit nur reine Strategien evolutionär stabil sein.

Die Dynamik für 2x2 Normalformspiele lässt diesen Aspekt deutlich werden. Hat einer der beiden Spieler eine dominante Strategie, so existiert kein gemischtes Gleichgewicht, und das Spiel kann mittels Elimination der dominierten Strategie gelöst werden.

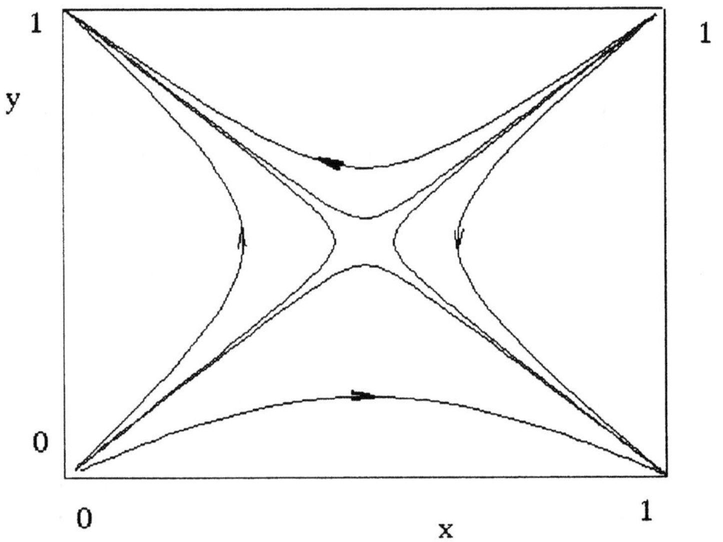

Abbildung 4.2: Wirbelpunkt

[16]Dies gilt nur, wenn tatsächlich keine direkten Begegnungen innerhalb einer Gruppe stattfinden, also ein Zeilenspieler immer Zeilenspieler ist. Im Vergleich dazu modelliert Cressman [26] eine Situation, in welcher zwar unterschiedliche Gruppen existieren, diese aber auch in Konflikt untereinander treten. Dies ermöglicht, genau diesen Konkurrenzdruck in eine Stabilitätsbedingung zu übersetzen und damit möglicherweise gemischte Gleichgewichte zu erhalten.

Ist keine der Strategien dominant, so ist der innere Fixpunkt entweder ein *Sattelpunkt* (Abbildung 4.2) – was bedeutet, daß alle Orbits bis auf den Sattelpunktspfad gegen eine der beiden gegenüberliegenden Ecken konvergieren – oder ein *Wirbelpunkt* mit oszillierenden Orbits (Abbildung 4.3).

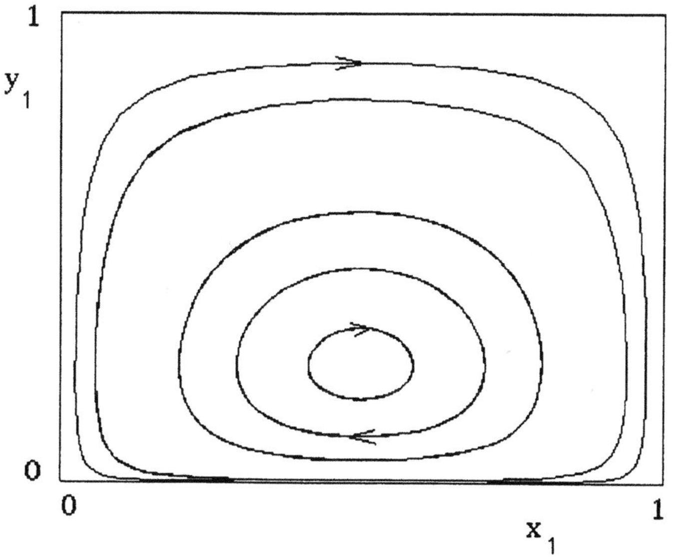

Abbildung 4.3: Oszillierende Orbits - Beispiel 4.7

Kehren wir zurück zum Beispiel des vorangegangenen Abschnitts. Hier tritt offensichtlich der erste Fall ein. Da keine Konkurrenz zwischen Zeilen- und Spaltenspieler besteht, genügt die Identifikation als Zeilen- oder Spaltenspieler um das Koordinationsproblem zu lösen. In Abhängigkeit vom Ausgangspunkt, also der Wahrscheinlichkeit, mit der Zeilenspieler und Spaltenspieler jeweils die Strategie s_1 wählen, werden sich die beiden Spieler entweder auf das Gleichgewicht p^a oder auf das Gleichgewicht p^b einigen. Auf welches der beiden Gleichgewicht sich die beiden Spieler einigen hängt letztlich davon ab, welcher der beiden Spieler ursprünglich mit größerer Wahrscheinlichkeit die eine oder die andere Strategie gewählt hatte.

Beispiel 4.7

Existiert kein Gleichgewicht in reinen Strategien, wie etwa in folgendem Nullsummenspiel, so werden die Orbits der Dynamik beständig um das Gleichgewicht oszillieren (siehe Abbildung 4.3), eine Konvergenz ist in diesem Falle ausgeschlossen (siehe Hofbauer und Sigmund [51]).

		Spieler 2	
		s_1	s_2
Spieler 1	s_1	-2, 2	2, -2
	s_2	1, -1	-1, 1

4.8 Weitere Anpassungsdynamiken

Ich möchte dieses Kapitel nicht beenden, ohne kurz auf weitere mögliche Formulierungen adaptiver Prozesse einzugehen. Weniger um eine vollständige Darstellung zu geben, diese würde den Rahmen dieser Arbeit bei weitem sprengen, sondern um die Breite der Möglichkeiten knapp anzudeuten.

4.8.1 Beste-Antwort-Dynamik

Kommen wir nochmals zu unserem ursprünglichen Modell der Anpassungsregel. Selbstverständlich kann ein Spieler, der seine Strategie überdenkt, auch einfach die beste Antwort gegen die momentane Population spielen. Auch dies ergibt eine monotone Anpassungsdynamik. Allerdings ist diese nicht mehr überall stetig differenzierbar. Dies soll für den Fall eines 3×3-Normalformspiel graphisch erläutert werden.

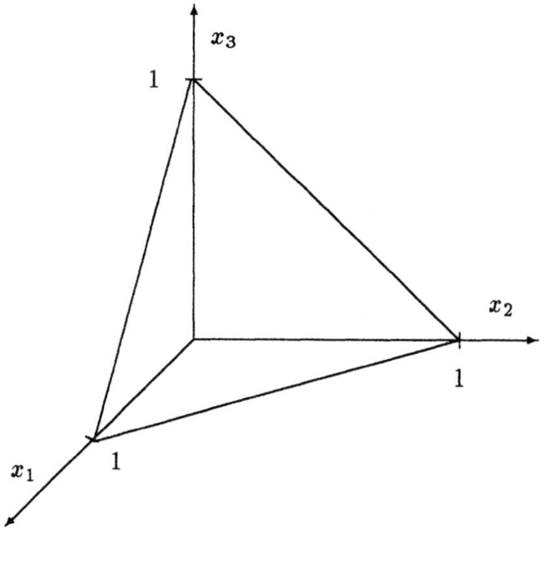

Abbildung 4.4: Zustandsraum

Das Dreieck in Abbildung 4.4, aufgespannt durch die Punkte $(1,0,0)$, $(0,1,0)$, $(0,0,1)$, stellt alle möglichen Zustände einer Population $x(\sum x_1 = 1)$ dar. Die Ecken des Dreiecks (Simplex) entsprechen jeweils einer reinen Population ($x_i = 1$), also einer Population, in der jeder Agent diese eine (reine)

Strategie (i) spielt. Jeder Punkt des Simplex entspricht einem Wahrscheinlichkeitsvektor über allen reinen Strategien und somit einem Zustand der Population.

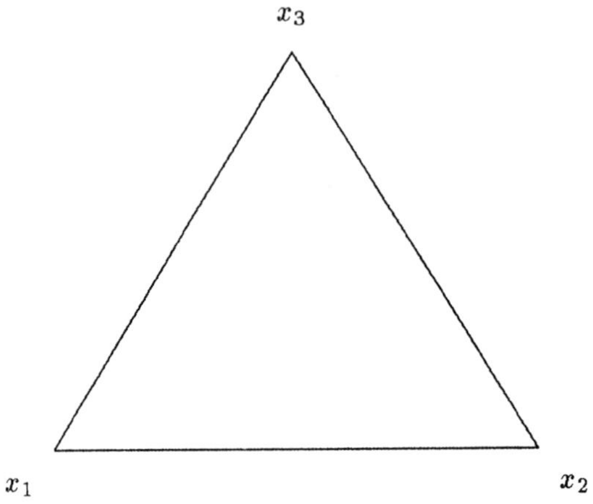

Abbildung 4.5: Zustandsraum

Abbildung 4.5 zeigt diesen Simplex in einer zweidimensionalen Darstellung. Mit Hilfe dieser Darstellung des Zustandsraumes soll nun die Beste-Antwort-Dynamik anhand eines symmetrischen Normalformspiels erläutert werden.

Beispiel 4.8 *Betrachten wir etwa das symmetrische Normalformspiel mit der Auszahlungsmatrix A*

$$A = \begin{pmatrix} 0 & -1 & 2 \\ 2 & 0 & -1 \\ -1 & 2 & 0 \end{pmatrix} \begin{matrix} s_1 \\ s_2 \\ s_3 \end{matrix}$$

Abbildung 4.6 charakterisiert die Regionen, in welchen jeweils die bezeichnete Strategie beste Antwort auf eine gemischte Population der jeweiligen Region im oben formulierten Normalformspiel ist. Der Schnittpunkt der drei Regionen, $x = (\frac{1}{3}, \frac{1}{3}, \frac{1}{3})$, stellt das in dieser Entscheidungssituation eindeutige Nash-Gleichgewicht des symmetrischen Normalformspieles dar.

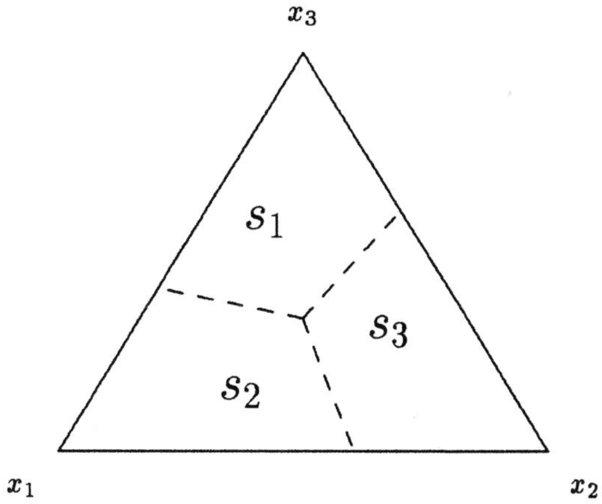

Abbildung 4.6: Beste-Antwort-Regionen

Eine Dynamik, in welcher die Revisionswahrscheinlichkeit unabhängig von der aktuell benutzten Strategie ist, und in der der Spieler jeweils die beste Antwort auf die momentane Population wählt, führt zu einem linearen Pfad innerhalb jeder dieser einzelnen Regionen, in Richtung des jeweiligen Eckpunktes (Abbildung 4.7).

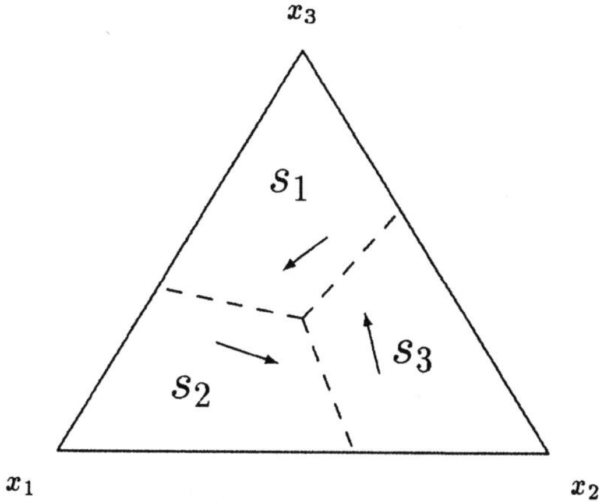

Abbildung 4.7: Beste-Antwort-Dynamik a)

An den Schnittstellen, an denen Regionen mit unterschiedlichen 'besten Antworten' aufeinandertreffen (die gestrichelten Linien in obigem Diagramm), ändert sich die Richtung des Pfades unverzüglich (Abbildung 4.8).

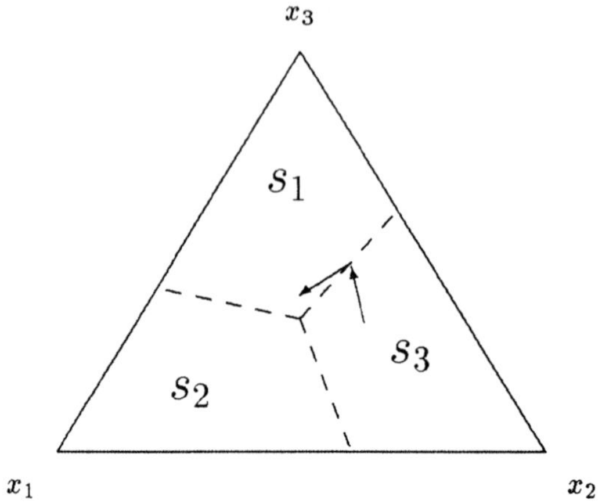

Abbildung 4.8: Beste-Antwort-Dynamik b)

Dies hat zur Folge, daß die Dynamik nur noch halbstetig, in der folgenden Form formuliert werden kann (siehe Matsui [62], bzw. Gilboa und Matsui [41]):

$$\frac{d^+x}{dt}(t) = \lambda \cdot (h(t) - x(t)) \qquad h(t) \in \mathrm{BA}(x(t))$$

wobei $\mathrm{BA}(x(t))$ die Menge der besten Antworten auf die (gemischte) Strategie $x(t)$ bezeichne.

Sie läßt sich allerdings (wenigstens für 3x3 Spiele) leicht graphisch lösen.

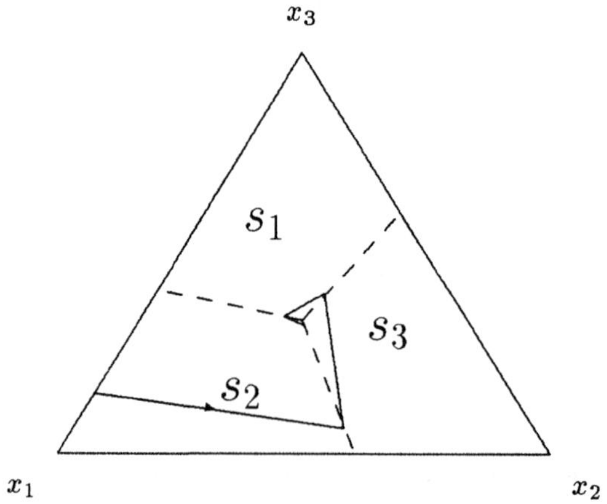

Abbildung 4.9: Anpassungspfad

Wie Abbildung 4.9 veranschaulicht, konvergiert etwa für das obige Beispiel 4.8 die Beste-Antwort-Dynamik gegen den inneren Fixpunkt $(\frac{1}{3}, \frac{1}{3}, \frac{1}{3})$.

Die Beste-Antwort-Dynamik konvergiert nicht notwendigerweise, wie das folgende Beispiel zeigt.

Beispiel 4.9

$$A = \begin{pmatrix} 0 & .2 & -1 \\ -.8 & 0 & .2 \\ 1 & -.8 & 0 \end{pmatrix} \begin{matrix} s_1 \\ s_2 \\ s_3 \end{matrix}$$

In diesem Beispiel ist der innere Fixpunkt $(\frac{1}{4}, \frac{1}{2}, \frac{1}{4})$ instabil in Bezug auf die Beste-Antwort-Dynamik. Alle Orbits konvergieren gegen einen stabilen Zyklus. Dies wird durch die folgenden Skizzen Abbildung 4.10 und Abbildung 4.11 veranschaulicht.

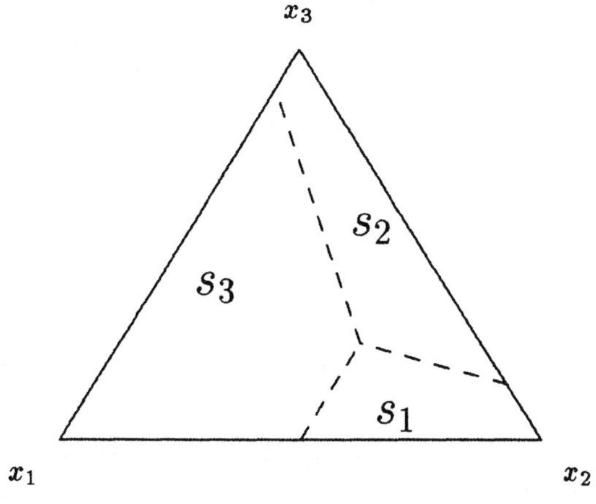

Abbildung 4.10: Beste-Antwort-Regionen

Abbildung 4.10 zeigt die Beste-Antwort-Regionen für das Beispiel 4.9. In jeder dieser Regionen ist die Beste-Antwort-Dynamik linear und weist in Richtung der zugehörigen reinen Strategie. Abbildung 4.11 zeigt zwei unterschiedliche Pfade. Einer startet am Rand des Simplex, der andere nahe am eindeutigen Nash-Gleichgewicht des zugehörigen symmetrischen Spiels. Während ersterer sich nach Innen bewegt, entfernt sich letzterer vom inneren Fixpunkt. Beide nähern sich jedoch einem Zyklus der diesen Fixpunkt umgibt.

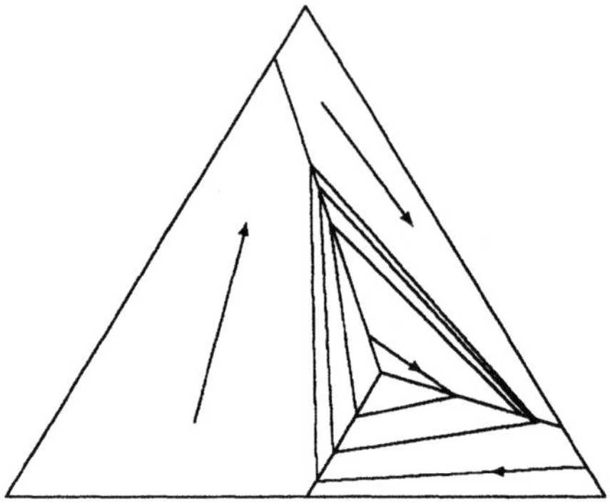

Abbildung 4.11: Stabiler Zyklus

Auch die Beste-Antwort-Dynamik muß also nicht notwendigerweise gegen ein Nash-Gleichgewicht konvergieren. Man kann jedoch zeigen (siehe Matsui [62]), daß sie in jedem Fall gegen eine *zyklisch stabile* Teilmenge F^* des Raumes der gemischten Strategien konvergiert, welche abgeschlossen ist und robust gegen Mutationen in folgendem Sinn:

Sei x ein beliebiges Element in F^*. Für jeden Strategienvektor $y \notin F^*$ und jedes $\bar{\varepsilon} > 0$ existiert eine Strategie $z \in BA(x)$ und ein $\varepsilon < \bar{\varepsilon}$ so daß gilt,

$$u_i(y_i, (1-\varepsilon)x + \varepsilon y) < u_i(z_i, (1-\varepsilon)x + \varepsilon y).$$

Ist diese Menge einelementig, so handelt es sich um ein Nash-Gleichgewicht. Wie obiges Beispiel zeigt, muß die Menge F^* jedoch nicht einmal ein Gleichgewicht enthalten, und die Eindeutigkeit eines Nash-Gleichgewichts impliziert nicht notwendigerweise, daß dieses auch ein Element einer (minimalen) zyklisch stabilen Teilmenge ist.

Die Beste-Antwort Dynamik stellt gewissermaßen einen Extremfall einer monotonen Anpassungsdynamik dar. Auch wenn es auf den ersten Blick nur vernünftig scheint, im Falle der Revision zur besten Alternative zu wechseln, bleiben dennoch Zweifel an der Sinnhaftigkeit dieser Dynamik in einem wiederkehrenden Spiel. Zunächst erfordert sie vollkommene Information der Spieler sowohl über die eigene Auszahlung, als auch über den Zustand der

Bevölkerung, also die Kenntnis über die momentane Häufigkeit der einzelnen Strategien. Ziel der Modellierung adaptiven Verhaltens war jedoch gerade die Lockerung der Informationsannahme, insbesondere über das Verhalten der Mitspieler. Wenn man jedoch unterstellt, daß die Spieler perfekt informiert sind, stellt sich die Frage, weshalb sie dann an einer suboptimalen Strategie beharren. Verursacht der Informationserwerb Kosten, so bleibt dennoch die Frage, weshalb die Revisionswahrscheinlichkeit unabhängig vom Erfolg sein soll. Darüberhinaus kann ein perfekt informierter (und vorhersehender) Spieler möglicherweise voraussehen, daß die momentan beste Entscheidung, sofern er sich in der Nähe zum Wechsel in eine Region mit einer anderen 'besten Antwort' befindet, nicht notwendigerweise auch mittelfristig eine sinnvolle Wahl darstellt.

4.8.2 Beste-Antwort-Dynamik II

In diesem Zusammenhang kann man auch folgende Überlegung anstellen. Es gebe zwei grundsätzlich unterschiedliche Verhaltensweisen der Teilnehmer einer wiederkehrenden Interaktion. Der eine Typ spielt, so wie in den vorangegangenen Modellierungen adaptiver Modelle, eine festgelegte (reine) Strategie, und revidiert diese lediglich zu bestimmten Zeitpunkten. Der andere Typ Spieler variiert sein Verhalten in jeder Runde. Unterstellen wir, dieser letzte Spieler sei rational im Sinne der Spieltheorie und könne sein Gegenüber identifizieren, das bedeutet, er weiß, ob sein Gegenspieler ein festes Verhalten an den Tag legt und welche Strategie er in diesem Falle spielt, oder ob er, wie er selbst, sein Verhalten von der Strategie des Gegenspielers abhängig macht. Treffen zwei 'rationale' Spieler aufeinander, so sei unterstellt, daß sie sich konsistent verhalten im Sinne der iterierten Elimination dominierter Strategien.

Gegeben diese Modellierung, kann wiederum mit Hilfe der Replikatordynamik untersucht werden, welche Strategien, bzw. Verhaltensweisen sich als langfristig erfolgreich erweisen. Die Population besteht nun aus $n+1$ verschiedenen Anteilen, einem für jede einzelne reine Strategie, plus einem zusätzlichen Anteil für den 'Beste-Antwort-Spieler'. Das folgende Beispiel soll mögliche Konsequenzen einer solchen Modellierung erläutern.

Beispiel 4.10 *Das Normalformspiel sei durch die folgende Matrix A bestimmt.*

$$A = \begin{pmatrix} 3 & 1 & 6 \\ 0 & 0 & 4 \\ 1 & 2 & 5 \end{pmatrix} \begin{matrix} s_1 \\ s_2 \\ s_3 \end{matrix}$$

In diesem Normalformspiel ist Strategie 2 strikt dominiert. Iterative Elimination dominierter Strategien liefert das eindeutige Nash-Gleichgewicht (s_1, s_1).

Nun erweitern wir dieses Spiel um die Strategie s_4. *Strategie 4 wählt immer die beste Antwort, also* s_1 *gegen* s_1 *und* s_3, s_3 *gegen* s_2 *sowie* s_1 *gegen sich selbst, als Ergebnis iterierter Elimination dominierter Strategien. Die Matrix für das erweiterte Spiel lautet*

$$A' = \begin{pmatrix} 3 & 1 & 6 & 3 \\ 0 & 0 & 4 & 4 \\ 1 & 2 & 5 & 1 \\ 3 & 2 & 6 & 3 \end{pmatrix} \begin{matrix} s_1 \\ s_2 \\ s_3 \\ s_4 \end{matrix}$$

In diesem erweiterten Normalformspiel ist nunmehr Strategie 2 nicht mehr dominiert, während Strategie 3 dominiert wird und durch die Replikatordynamik eliminiert wird. Schränken wir deshalb unsere Betrachtung auf die reduzierte Form ein, in welcher diese dominierte Strategie eliminiert wurde. Die auf den Simplex $x_3 = 0$ *eingeschränkte Dynamik liefert folgendes Bild (Abbildung 4.12) .*

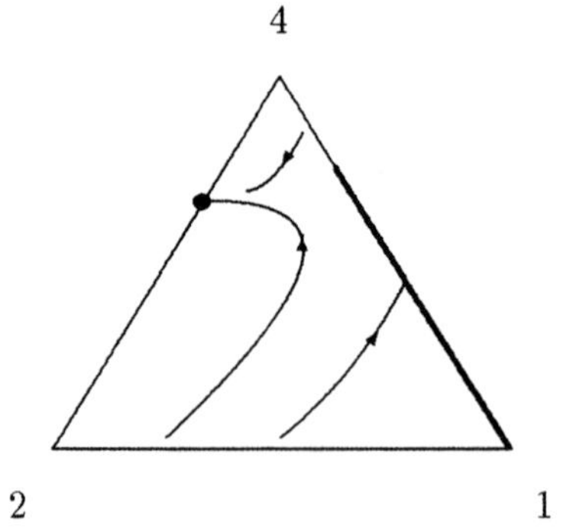

Abbildung 4.12: Beste-Antwort-Dynamik II

Ausgewählte Orbits charakterisieren in Abbildung 4.12 den möglichen Verlauf. Weist die Ausgangspopulation einen hohen Anteil an s_1-Spielern auf, so konvergieren die Orbits der Dynamik gegen eine Mischung von s_1- und s_4-Spielern, welche im Grenzübergang nicht mehr unterscheidbar sind, da beide jeweils gegen einander wie auch gegen den entgegengesetzten Typen die selbe Aktion (s_1) wählen. Weist die ursprüngliche Population hingegen einen relativ kleinen Anteil s_1-Spieler auf, so konvergieren alle Orbits gegen eine bestimmte gemischte Population, welche sowohl s_2-Spieler, also Spieler welche eine dominierte Strategie benutzen, als auch 'Beste-Antwort-Spieler' (s_4) aufweist.

Man sieht also, daß sich perfekt rationales Verhalten nicht notwendigerweise als das (einzig) erfolgreichste Verhalten ergeben muß. Selbst eine strikt dominierte Strategie kann diesen Selektionsprozess überstehen und, möglicherweise gemeinsam mit dem perfekt rationalen Verhalten, Teil eines asymptotisch stabilen Gleichgewicht sein.

4.8.3 Diskrete Dynamik

In manchen Anwendungen zieht man es vor, Zeit nicht als stetige Variable, sondern als diskrete Größe zu formulieren. Dies gilt etwa für die meisten Experimente, in welchen die Einteilung in Spielrunden explizit eine Diskretisierung der Entscheidungszeitpunkte vornimmt.

Für die Dynamik bedeutet dies, daß sie nicht mehr als Differentialgleichung, sondern als Differenzengleichung dargestellt wird. Teilen wir die Zeit hierfür in diskrete (und der Einfachheit halber) äquidistante Punkte in der folgenden Form: $t = 1, 2, 3, \ldots$. Zu jedem dieser Zeitpunkte wird das Spiel wiederum von Paaren, welche durch einen Zufallsmechanismus immer wieder neu bestimmt werden, gespielt. Das Profil der Population zum Zeitpunkt t sei $x^t = x(t)$, die durchschnittliche Auszahlung eines Individuums, welches die Strategie s_i wählt sei $u_i(x^t)$. Damit ergibt sich die erwartete durchschnittliche Auszahlung im Zeitpunkt t durch

$$\bar{u} = \sum_i u_i(x^t) \cdot x_i(t).$$

Nehmen wir wiederum an, daß die Wahrscheinlichkeit, zu einer anderen Strategie zu wechseln, von deren Erfolg linear abhängig ist ($w(u_i^t) = \alpha + \beta u_i(x^t)$, siehe Abschnitt 4.2, Seite 52), so ergibt sich das Profil der Population im nachfolgenden Zeitpunkt $t+1$ als

$$x_i(t+1) = \frac{w_i(x^t)}{\bar{w}(x^t)} x_i(t). \tag{4.6}$$

Damit ergibt sich die Veränderung zur Vorperiode durch

$$x_i(t+1) - x_i(t) = \frac{w_i(x^t) - \bar{w}(x^t)}{\bar{w}(x^t)} x_i(t) \tag{4.7}$$

und die relative Veränderungsrate mit

$$\frac{x_i(t+1) - x_i(t)}{x_i(t)} = \frac{w_i(x^t) - \bar{w}(x^t)}{\bar{w}(x^t)}. \tag{4.8}$$

Lässt man nun die Intervalle (δ) zwischen den (diskreten) Zeitpunkten kleiner werden ($t = t_0, t_0 + \delta, t_0 + 2\delta, \ldots, \quad \delta \to 0$), und die Wechselhäufigkeit in Abhängigkeit der Intervallänge abnehmen, was etwa eine Situation abbildet, in welcher nicht mehr alle Individuen zum selben Zeitpunkt interagieren, so verändert sich Gleichung (4.6) zu

$$x_i(t+1) = \frac{\delta w_i(x^t) + (1-\delta)}{\delta \bar{w}(x^t) + (1-\delta)} x_i(t). \tag{4.9}$$

Damit ergibt sich im Grenzübergang

$$\lim_{\delta \to 0} \frac{x_i(t+1) - x_i(t)}{\delta} \equiv \dot{x}_i = x_i \cdot (w_i(x^t) - \bar{w}(x^t)) \tag{4.10}$$

die stetige Version der Replikatordynamik.

4.8.4 Evolution Walrasianischen Verhaltens

Zum Abschluß dieses Kapitels möchte ich noch kurz darauf eingehen, inwiefern Überlegungen adaptiven Lernens auch auf wiederholte Interaktion mit mehreren Spielern angewendet werden kann. Vega-Redondo [86] analysiert dies anhand eines *Cournot* Oligopols, in welchem die selben Unternehmen wiederholt miteinander in Konkurrenz treten.

Beispiel 4.11 *n Unternehmen agieren in einem Markt für ein homogenes Produkt mit inverser Nachfragefunktion $P(x)$. Jedes Unternehmen wählt zu jedem Zeitpunkt (simultan) sein Angebot x_i. Alle Unternehmen haben die identische Kostenfuntion $C(x_i)$ mit der Eigenschaft, daß in diesem Markt ein* Walras-Gleichgewicht *existiert. Dieses Gleichgewicht ist charakterisiert durch*

$$P(nx^w)x^w - C(x^w) \geq P(nx^w)x - C(x).$$

Das (symmetrische) Walras-Gleichgewicht unterstellt somit, jedes Unternehmen wähle die selbe Menge x^w. Daraus bestimmt sich der Preis $P(nx^w)$. Unter der Annahme, der Marktpreis sei fest, maximiert jedes Unternehmen dann im Walras-Gleichgewicht seine Gewinne.

Das Walras-Gleichgewicht ist somit kein 'rationales' Gleichgewicht, da die Unternehmen ihre Marktmacht in diesem Kalkül nicht berücksichtigen.

Es sei weiterhin angenommen, die Strategien der Unternehmen (die Angebotsmengen) seien aus einer endlichen Menge $\Gamma = \{0, \delta, 2\delta, \ldots, r\delta\}$ mit beliebigem $\delta > 0$, so daß das Walras-Gleichgewicht Teil dieser Menge ist ($x^w \in \Gamma$).

In diesem Rahmen soll nun eine adaptive Dynamik definiert werden. Als Ausgangspunkt sei angenommen, die Unternehmen wählen in der ersten Periode jeweils ein willkürliches Angebot $(x_i(0))_{i=1}^n$. Daraus resultiert ein Marktpreis ($P_0 = P(\sum_i x_i(0))$) und damit ein Gewinnvektor für die Unternehmen. Es wird angenommen, daß alle Unternehmen diesen Gewinnvektor beobachten können.

Selektion wähle nun in jeder Periode $t = 1, 2, 3, \ldots$ mit gewisser Wahrscheinlichkeit W ($W > 0$) Unternehmen aus (W sei unabhängig und identisch für alle Unternehmen), die dann ihre Produktionsentscheidung anpassen, indem sie eine *erfolgreichste Strategie* aus der Vorperiode wählen. Ein Unternehmen welches seine Strategie überdenkt imitiert somit eines der erfolgreichsten anderen Unternehmen der Vorperiode.

Zunächst hat dies zur Folge, daß alle Unternehmen schließlich bei einer identischen angebotenen Menge enden. Dies liegt daran, daß die Wahrscheinlichkeit zu revidieren unabhängig ist, und deshalb mit positiver Wahrscheinlichkeit W^n alle Unternehmen gleichzeitig, und in der Regel auch zur selben Strategie wechseln. In Abhängigkeit von der Ausgangsentscheidung kann sich somit grundsätzlich jede Menge als Fixpunkt der Dynamik ergeben, da die Akteure aus einer solchen Situation mit der formulierten Anpassungsregel nicht entkommen.

Um einerseits zu entscheiden wie robust ein solcher Fixpunkt ist, und andererseits auch die Abhängigkeit vom (willkürlichen Ausgangspunkt) zu verringern, wird zusätzlich eine *Mutationsdynamik* eingeführt. Mit Wahrscheinlichkeit $\varepsilon > 0$ ändern die Unternehmen ihre Strategie willkürlich, sie wählen jede mögliche Strategie mit einer exogen vorgegebenen (positiven) Wahrscheinlichkeit.

Lässt man nunmehr diese Mutationswahrscheinlichkeit verschwindend klein werden, dann gilt, daß sich langfristig das Walras-Gleichgewicht einstellt. Dies ist insofern erstaunlich, als das Walras-Gleichgewicht kein Nash-Gleichgewicht dieses Spiels darstellt. Intuitiv kann man dieses Phänomen folgendermaßen erklären. Stellt sich zu einem beliebigen Zeitpunkt ein Zustand ein, der positive Gewinne ermöglicht, so werden die Unternehmen, sei es durch Imitation oder durch Mutation, eine größere Angebotsmenge wählen. Induziert der Zustand hingegen Verluste, so wird sich die Angebotsmenge reduzieren. Insgesamt stellt sich somit eine Tendenz zum Gleichgewicht eines vollständig kompetitiven Marktes ein.

Tatsächlich liegt der Unterschied zu den bisherigen Ergebnissen darin begründet, daß in der *wiederkehrenden* Interaktion, also in der Situation, in welcher die Spieler auf jeweils unterschiedliche Spieler treffen, der absolute Erfolg letztlich relevant für die Entscheidung des einzelnen ist, während in der eben formulierten Situation einer *wiederholten* Interaktion Imitation erfolgreicher Spieler lediglich relative Auszahlungen als Maßstab nimmt.

Formuliert man jedoch die selbe Entscheidungssituation in relativen Auszahlungen, so stellt gerade das Walras-Gleichgewicht auch ein Nash-Gleichgewicht des veränderten Spiels dar. Auch hier liefert die Dynamik somit ein Ergebnis, das grundsätzlich mit den spieltheoretischen Aussagen kompatibel ist.

In den nun folgenden Kapiteln soll anhand von drei ausgewählten Beispielen aufgezeigt werden, wie sich die evolutionäre Modellierung erweitern lässt. Im nächsten Kapitel wird untersucht, inwiefern eine Erweiterung des Modellrahmens erlaubt, Kooperation in Teams auch dann zu erklären, wenn kein expliziter äußerer Anreiz dazu besteht.

Danach wird die Vererbung von Präferenzmustern diskutiert, und die Frage aufgeworfen ob Vererbung und Selektion in der Lage sind, gewisse Verhaltensmuster zu fördern oder zu unterdrücken, und welche dieser Verhaltensmuster sich gegebenenfalls durchsetzen werden.

Im letzten Modell wird anschließend untersucht, inwiefern die Modellierung eines einheitlichen Lernverhaltens entscheidenden Einfluß auf die Stabilität des dynamischen Systems hat.

Kapitel 5

Evolution 'sozialer' Präferenzen

Eine Phänomen, welches insbesondere Spieltheoretiker immer wieder beschäftigt hat, ist die Beobachtung, daß sich Individuen auch in Situationen kooperativ verhalten, welche vordergründig eher nicht kooperatives Verhalten erwarten ließen. Umgekehrt und ebenso interessant ist die Frage, ob es in nicht kooperativ zu formulierenden Entscheidungssituationen nicht doch möglich ist, Anreize zu schaffen, eine für alle vorteilhafte Allokation zu realisieren.

Zu Beginn dieser Arbeit wurde als ein Modell für eine solche Entscheidungssituation das sogenannte Gefangenendilemma vorgestellt. Es gilt als Prototyp für die in ökonomischen Beispielen häufig auftretende Situation, daß (zwei) Personen aus einer gemeinsamen Initiative einen zusätzlichen Ertrag erwirtschaften können. In der Regel hängt dieser Ertrag von den individuellen Leistungen ab, die mitunter nicht, nur schwer oder unvollkommen beobachtet oder Dritten gegenüber verifiziert werden können. Deshalb wird kein verbindlicher Vertrag darüber abgeschlossen. Damit hat nun aber wiederum jeder für sich einen Anreiz, nicht das insgesamt optimale Ergebnis anzustreben, sondern zu versuchen, den anderen zum eigenen Nutzen auszubeuten. Wird dies jedoch von beiden Teilnehmern tatsächlich getan, so wird das Ergebnis unter Umständen schlechter sein als ohne das Projekt.

Die Auszahlungsstruktur der entsprechenden Strategienpaare kann somit durch folgende Tabelle ausgedrückt werden, wobei C für individuelles Kooperieren und D für Abweichen stehen soll. Die Einträge $(1, 2, 3$ und $4)$ stellen die individuelle Reihung der Ergebnisse dar, wobei "4" die beste und "1" die schlechteste Alternative bezeichne.

		Person 2	
		C	*D*
Person 1	*C*	*3, 3*	*1, 4*
	D	*4, 1*	*2, 2*

Dies ist möglicherweise eine der spieltheoretisch am intensivsten analysierten strategischen Entscheidungssituationen. Obwohl sie denkbar einfach ist – jeder der beiden Spieler hat nur zwei Strategien, von welchen eine (D) strikt dominant ist – beschäftigt es unzählige Ökonomen und Spieltheoretiker, und zwar wohl aus zwei Gründen:

- Das eindeutige Gleichgewicht (D, D) ist gleichzeitig auch das einzige ineffiziente Ergebnis.
- Die Erfahrung in Experimenten und Alltagssituationen zeigt, daß Abweichen zwar zu beobachten ist, jedoch keinesfall als die Regel erachtet werden kann. Individuen lassen sich also nicht ausschließlich von (kurzfristigen) individuellen Vorteilen leiten, sondern sie verhalten sich häufig 'sozial' kooperativ.

Eine mögliche Erklärung für dieses (scheinbar) irrationale Verhalten ist in der Tatsache zu finden, daß solche Situationen nicht nur einmalig auftreten, sondern wiederholt stattfinden. Damit kann auch das kooperative Ergebnis gestützt werden.

5.1 Folk Theorem

Wenn ein und die selbe Entscheidungssituation (das Grundspiel) mit den selben Personen wiederholt stattfindet, so spricht man von einem *wiederholten* Spiel. Genaugenommen ist in dieser Situation nicht das Grundspiel sondern die gesamte wiederholte Interaktion das Spiel, ein Spiel in *extensiver*

Form[1]. In einer Situation wiederholter Interaktion können die einzelnen Teilnehmer ihre Handlungsweise davon abhängig machen, welches Verhalten in den vergangenen Perioden beobachtet wurde. Damit ergeben sich offensichtlich unzählige Möglichkeiten strategischen Verhaltens. Um die Analyse etwas einzuschränken, soll die Rationalitätsannahme in diesem Zusammenhang erweitert werden.

Da angenommen wird, daß sich jeder Teilnehmer in jeder Wiederholung des Grundspiels neu entscheiden kann, möchte ich mich in der spieltheoretischen Betrachtung auf *teilspielperfekte* (Nash-) Gleichgewichte beschränken (siehe Abschnitt 1.6).

Weist das wiederholte Spiel lediglich endlich viele Wiederholungen auf, so kann das Spiel meist leicht durch *Rückwärtsinduktion* gewissermaßen vom Ende her gelöst werden. Teilspielperfektheit fordert, daß auch in der letzten Wiederholung des Grundspieles ein Gleichgewicht gespielt werden muß. Weist das Grundspiel ein eindeutiges Gleichgewicht auf, so folgt unmittelbar, daß auch in der vorletzten Periode und damit auch in jeder vorangehenden Periode dieses Gleichgewicht die einzig mögliche Verhaltensanweisung darstellt und somit auch das wiederholte Spiel nur ein einziges Gleichgewicht aufweist.

Im Falle unendlich vieler Wiederholungen, bzw. äquivalent dazu in einem Spiel, das zwar in jeder Realisierung nur endlich ist, aus Sicht der Spieler das Ende jedoch nicht bekannt ist, und damit gewissermaßen potentiell beliebig häufig wiederholt wird, ist diese Schlußfolgerung jedoch nicht zulässig.

So zeigt Friedman [36] in einem unendlich oft wiederholten Oligopol-Modell, daß sich Kollusion als teilspielperfektes Gleichgewicht nicht-kooperativ stützen lässt. Fudenberg und Maskin [39] zeigen, daß in jedem unendlich wiederholten Spiel die Gleichgewichtsauszahlung teilspielperfekter Gleichgewichte jedem *'individuell rationalen'* Ergebnis beliebig nahe kommen können, wenn die Zukunft den Teilnehmern ausreichend wichtig ist (d.h. die Diskontrate nahe bei 1 liegt). Individuell rational ist ein Ergebnis dann, wenn es jedes Individuum wenigstens die Auszahlung realisieren lässt, welche sich das Individuum im schlechtesten Falle selbst garantieren könnte. Insbesondere kann man damit auch beliebig nahe an jedes effiziente Ergebnis kommen. Eine umfassende Darstellung wiederholter Spiele findet sich auch in van Damme [28].

So erstaunlich das Ergebnis auch ist, ist es doch auch wiederum ernüchternd.

[1] siehe Abschnitt 1.6

Die Gleichgewichtsauswahl wird durch die unendliche Vielzahl an (selbst teilspielperfekten) Gleichgewichten nicht leichter. Somit wird es noch schwerer, Prognosen für individuell optimales Verhalten zu erstellen.

Formuliert man wiederholte Interaktion mit Hilfe einer Anpassungsdynamik so reduziert sich die Menge gleichgewichtiger Situationen. So zeigen etwa Martinez Coll und Hirshleifer [48], daß im Gefangenendilemma die reaktive Strategie *'Tit for Tat'* welche sich zunächst kooperativ verhält, jedoch auf abweichendes Verhalten in der jeweils folgenden Periode (und nur in dieser) mit 'Abweichen' reagiert, gegenüber von vorneherein abweichendem Verhalten erfolgreich ist. Diese Strategie lässt sich als folgende simple reaktive Strategie formulieren: Spiele in der ersten Periode C und in jeder folgenden Periode genau die Aktion, welche der Mitspieler in der vergangenen Periode gespielt hat.

Binmore und Samuelson [18] verallgemeinern das Ergebnis von Martinez Coll und Hirshleifer auf ein Modell mit beliebigen *'endlichen Automaten'*. Unter einem endlichen Automaten versteht man eine Strategie, welche lediglich auf die Aktionen aller Spieler einer festen (endlichen) Anzahl vergangener Perioden zurückgreift und ihre eigene Aktion in Abhängigkeit davon festlegt. Da in diesem Zusammenhang nicht nur der Erfolg einer Strategie sondern auch die Komplexität der Strategie von Bedeutung sind, erweitern sie den Begriff der evolutionär stabilen Strategie. Die Komplexität $\mid a \mid$ eines endlichen Automaten a ist definiert durch die Anzahl der Perioden auf welche der Automat mit seiner Strategie zurückgreift.

Ein endlicher Automat a heißt *modifiziert evolutionär stabil* (MESS) wenn für alle möglichen Mutanten b eine der folgenden Aussagen zutrifft

1. $P(a,a) > P(b,a)$,
2. $P(a,a) = P(b,a)$ und $P(a,b) > P(b,b)$,
3. $P(a,a) = P(b,a)$ und $P(a,b) = P(b,b)$ und $\mid a \mid \leq \mid b \mid$ [2],

wobei $P(a,b)$ die durchschnittliche Auszahlung für a im unendlich wiederholten Spiel gegen b bezeichnet

$$P(a,b) = \lim_{T\to\infty} \frac{1}{T} \sum_{t=0}^{T-1} \pi_1(a(h_t), b(h_t)).$$

[2] Binmore und Samuelson zeigen, daß strikte Ungleichheit nur mit simplen Automaten (mit nur einem Zustand) erreicht werden kann. Andererseits ist leicht einsichtig, daß mit 'Gleichheit' in der Regel keine eindeutige Selektion vorgenommen werden kann, daß somit generisch polymorphe Populationen auftreten.

$\pi_1(a(h_t), b(h_t))$ ist die *Periodenauszahlung*, also die Auszahlung im Grundspiel, wenn der Spieler die Aktion a und sein Gegenspieler b wählt, $a(h_t)$ zeigt die Abhängigkeit der Wahl der Aktion von den vorangegangenen Aktionen, der 'Geschichte' (h_t) des Spielverlaufes.

Dann gilt: Ein endlicher Automat ist nur dann eine MESS wenn er zu einem effizienten Ergebnis führt, d.h. wenn der Gleichgewichtspfad im Spiel gegen sich selbst die effiziente Auszahlung liefert.

5.2 Endlich wiederholte Interaktion

Da jedoch in der Regel endliche Interaktion unterstellt werden muß, kann, wie oben bereits ausgeführt wurde, unter der Annahme perfekter Rationalität sowie Teilspielperfektheit (mittels Rückwärtsinduktion) gezeigt werden, daß einzig das (eindeutige) Gleichgewicht im Grundspiel auch im gesamten Spiel als Gleichgewicht gestützt werden kann. Dieses Ergebnis lässt sich auch, wie Cressman [25] zeigt, auf evolutionäre Ansätze verallgemeinern. Besitzt das Grundspiel eine dominante Strategie, wie z.B. im Gefangenendilemma, womit das Gleichgewicht des Grundspiels jedenfalls eindeutig ist, so werden sich langfristig ausschließlich solche Strategien des endlich wiederholten Spiels durchsetzen, welche (entlang des Gleichgewichtspfades) diese dominante Strategie verwenden.

Daher relativiert sich auch das Ergebnis von Kreps et. al. [58], welche zeigen, daß im endlich wiederholten Gefangenendilemma Kooperation in den ersten Wiederholungen des Grundspiels dann rational erklärt werden kann, wenn der Gegenspieler mit gewisser Wahrscheinlichkeit ein 'irrationaler' (Tit for Tat) Spieler ist. Diese Aussage ist richtig, falls tatsächlich ein solcher Spieler existiert, oder die Existenz eines solchen Spielers mit positiver Wahrscheinlichkeit erwartet wird. Wird unterstellt, daß die Spieler nicht in dem Sinne rational sind, daß sie die Auszahlung in jeder Entscheidungssituation maximieren, jedoch durch einen Selektionsprozess 'weniger erfolgreiches' Verhalten langfristig eliminiert wird, so werden langfristig diese 'Tit for Tat' Spieler eliminiert.[3] Langfristig kann somit die Existenz solcher Spieler in einem evolutionären Kontext nicht erklärt werden.

Eine wesentliche Voraussetzung dafür, daß das Gleichgewicht des Grundspiels auch im wiederholten Falle ein eindeutiges teilspielperfektes Gleichgewicht in-

[3]Die Überlegung lässt sich auch verallgemeinern auf eine Situation in welcher nur ein Teil aller möglichen Spieler nicht rational im obigen Sinne sind.

duziert, liegt an der *Eindeutigkeit* des Gleichgewichtes im Grundspiel. Eine Möglichkeit auch in endlich oft wiederholten Entscheidungssituationen Kooperation zu stützen kann aber unter Umsänden daraus abgeleitet werden, daß das Grundspiel mehrere Gleichgewichte aufweist.

Wird etwa das Gefangenendilemma um eine neue Strategie erweitert, welche beiden Spielern eine Auszahlung von 0 garantiert, falls jedoch ein Spieler von dieser Strategienkombination einseitig abweicht dieser mit einer negativen Auszahlung von -1 belastet wird, so ergibt sich folgende Auszahlungsmatrix:

		Person 2: C	Person 2: D	Person 2: P
Person 1	C	3, 3	1, 4	-1, 0
	D	4, 1	2, 2	-1, 0
	P	0, -1	0, -1	0, 0

Dieses Grundspiel weist ein weiteres Gleichgewicht, die Strategienkombination (P, P), auf, welches aus der Sicht der beiden Individuen pareto dominiert wird durch das (nicht-kooperative) Gleichgewicht (D, D). Dieses neue Gleichgewicht stellt aber nun auch in der letzten Wiederholung des Grundspiels eine *glaubwürdige Drohung* als Reaktion auf nicht-kooperatives Verhalten in der Vorperiode dar. Benoit und Krishna [15] zeigen, daß sich für Spiele mit multiplen Gleichgewichten im wesentlichen die selben Ergebnisse wie für unendlich wiederholte Spiele ergeben können, sofern die Anzahl der Wiederholungen ausreichend groß ist.

5.3 Gewissen als glaubwürdige Selbstbeschränkung

Selbst in Situationen, die nicht dem Ansatz wiederholter Spiele entsprechen, handeln Individuen jedoch mitunter 'kooperativ'. Oder auch entgegengesetzt: Individuen nehmen Kosten auf sich, um andere zu bestrafen, die sich – ihrer Meinung nach – nicht kooperativ verhalten haben. Woher kommt dieses Phänomen sozialen (reziproken) Verhaltens, kann es vielleicht sogar durch einen spieltheoretischen Ansatz erklärt werden?

Ein bemerkenswerter Ansatz dafür stammt von Frank [35], der unterstellt, daß die Individuen durchaus die Rationalitätsannahme der Spieltheorie erfüllen, aber ihren *Nutzen*, und nicht die (monetäre) Auszahlung, maximieren, ohne dabei eine konkrete Nutzenfunktion zu formulieren. Er unterstellt, daß reziprokes Handeln eine – im wesentlichen unterbewußte – Investition in die eigene Fähigkeit darstellt, glaubwürdig signalisieren zu können, daß man sich zur 'Ehrlichkeit' unumkehrbar verpflichtet hat, somit gar nicht mehr in der Lage ist abzuweichen, bzw. unehrliches Verhalten bestrafen muß, koste es, was es wolle. Gefühle sind demnach nur besondere Formen eines Signals, das für 'rationale' Individuen nur unter extrem hohen Kosten zu imitieren und damit eben glaubwürdig ist. Tatsächlich käme man ansonsten sofort wieder zu einer Art 'cheap talk' Spiel zurück, also einem Spiel, in welchem sich die Spieler vor der Interaktion unverbindlich unterhalten können, in dem wie Banerjee und Weibul [9] zeigen, ein solches 'Signal' nutzlos wäre.

Im folgenden Abschnitt soll nun untersucht werden, inwieweit Evolution, die als Erfolgskriterium durchaus die Auszahlung zugrunde legt, ein 'Gewissen' hervorbringen und als langfristig stabiles Gleichgewichtsphänomen stützen kann. 'Gewissen' soll dabei wie eben beschrieben bedeuten, daß sich ein Individuum (z.B. durch eine entsprechende Nutzenfunktion) auf kooperatives Verhalten beschränken kann.

Frank [34] hat selbst, in einer 1987 veröffentlichten Arbeit, einen solchen Ansatz formuliert. Er unterstellt, daß es zwei Typen von Individuen gibt. Solche, die sich kooperativ verhalten, und solche, welche sich nicht kooperativ verhalten und ausschließlich an ihrer (monetären) Auszahlung orientiert sind. Wie oben formuliert, ist es jedoch möglich, anhand der 'Ausstrahlung' eines Individuums auf dessen Typus zu schließen. Ist diese Information (das *Signal*) kostenlos und perfekt interpretierbar und können die Individuen zudem ihren Partner wählen, so ist leicht einzusehen, daß die Kosten nicht kooperativen Verhaltens den Nutzen in einer Entscheidungssituation von der Art des Gefangenendilemmas übersteigen und damit ein 'rationales' Individuum eine unumkehrbare Verpflichtung eingehen würde, sich kooperativ zu verhalten.

Da jedoch, wie oben dargelegt, kooperatives Verhalten nicht kostenlos perfekt identifizierbar ist, stellt sich die Frage, ob dies auch unter unvollkommener Information der Fall ist. Frank unterstellt, daß das Signal über einen endlichen Bereich gestreut ist, wobei unterstellt sei, daß ein kooperativer Typ tendenziell ein deutlicher ausgeprägtes Signal übermitteln kann. Das Signal S_i sei also eine Zufallsvariable mit der Dichte $f^C(S_i)$ für den kooperativen Typ und der Dichte $f^D(S_i)$ für den nicht kooperativen, wobei er unterstellt, daß sich die

Dichtefunktion für den kooperativen Typen durch eine Verschiebung aus der Dichtefunktion des nicht kooperativen Typen ergibt ($f^C(S_i) = f^D(S_i - \mu)$). Die Dichtefunktionen können etwa wie in folgender Abbildung 5.1 beschrieben sein.

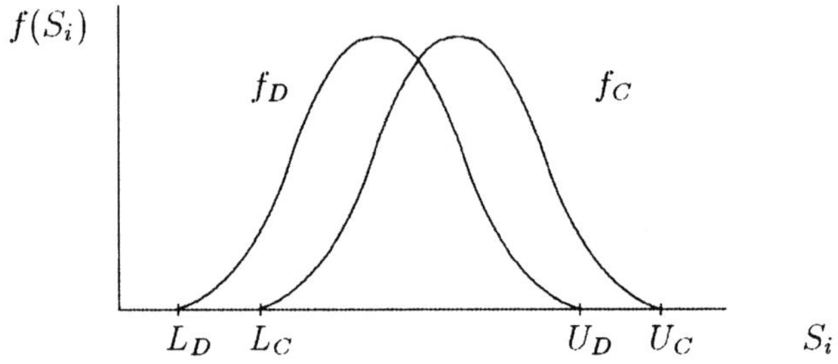

Abbildung 5.1: Signal der Glaubwürdigkeit

Frank zeigt, daß unter diesen Annahmen ein Anreiz besteht, sich (aus rationalen Erwägungen) selbst auf kooperatives Handeln zu beschränken. Ein rationales Individuum würde somit eine Nutzenfunktion wählen, welche dazu führt, daß im Gefangenendilemma die (gemessen nach der monetären Auszahlung) dominierte Strategie gewählt wird. Der Grund für dieses (scheinbar widersprüchliche) Ergebnis liegt darin, daß der Zuordnungsmechanismus der Akteure bei Frank nicht zufällig erfolgt, sondern den Individuen erlaubt, ihren Partner zu wählen.

Das Ergebnis hängt jedoch an einigen entscheidenden Annahmen. So zeigt Harrington [44], daß das Resultat wesentlich darin begründet ist, daß das Signal für einen bestimmten Bereich vollkommen zuverlässig ist ($U_D < U_C$ in Abbildung 5.1). Im Gegensatz zu Frank zeigt er, daß Abweichen (D) immer einen stabilen Zustand darstellt wenn das Signal niemals perfekte Information liefert ($U_D = U_C$ und $L_D = L_C$), was wohl die realistischere Modellierung darstellt.

Darüberhinaus unterstellt Frank, daß das Signal ohne Aufwand beobachtet werden kann und der Zuordnungsmechanismus nicht nur von den Individuen selbst bestimmt wird, sondern diese den Zuordnungsprozeß vom Zustand der Population und dem Verteilungsgesetz abhängig formulieren können. Das einzelne Individuum benötigt somit für seine Entscheidung sehr viel Information.

Amann und Yang [6] haben deshalb ein rein adaptives Modell zur Beschreibung dieses Sachverhaltes verwendet. Ein solcher Ansatz kommt mit minimalen Informationsannahmen aus. Die Tatsache, daß wegen der Größe der Population jedes Paar im generischen Fall nur einmal gebildet wird, ermöglicht zudem jede Form von (unmittelbarer) Reziprozität auszuschließen.

Im folgenden sei also unterstellt, daß in einer großen Population, formuliert in stetiger Zeit, rein zufällig Paare gebildet werden, welche jeweils genau einmal ein gemeinsames Projekt durchführen können, dessen Auszahlungsstruktur durch eine Gefangenendilemma Situation charakterisiert ist. Alternativ kann jeder diese Zusammenarbeit verweigern, wodurch beide Individuen ihren Reservationsnutzen erhalten, welcher der Einfachheit halber auf 0 normiert ist. Genaugenommen gibt es in diesem Spiel also drei Strategien, nicht teilnehmen (A), teilnehmen und kooperieren (C) oder teilnehmen und abweichen (D). Wegen der Sequentialität der Entscheidung kann dieses Spiel auch folgendermaßen formuliert werden:

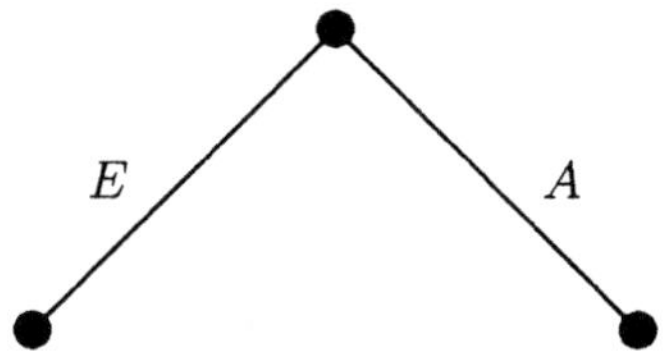

Die Auszahlungsmatrix für das Projektspiel, das als Teilspiel dieser Entscheidungssituation gesehen werden kann, ergibt sich wie folgt,

$$\begin{array}{c} \\ C \\ D \end{array} \begin{array}{c} \begin{array}{cc} C & D \end{array} \\ \begin{pmatrix} \alpha & -\gamma \\ \beta & -\delta \end{pmatrix} \end{array} =: B$$

$$\beta > \alpha > 0 > -\delta > -\gamma$$

Da es im Projektspiel eine dominante Strategie (D) gibt, deren Auszahlung annahmegemäß geringer ist als der Reservationsnutzen, den die Spieler erhalten, wenn sie sich nicht an dem Projekt beteiligen, wird die Replikatordynamik[4] als einzige langfristige Strategie die Wahl der Alternative (A) hervorbringen.

Nehmen wir nun an, ein Spieler könne unter Aufwendung von Kosten c, welche sich in der Auszahlung bemerkbar machen, Information über den Charakter des Gegners erhalten (also etwa, ob dieser eine Nutzenfunktion mit oder ohne Gewissen hat). Nennen wir Spieler, die diese Information erwerben, vorsichtig, die anderen naiv. So erhalten wir in diesem Ansatz drei naive Typen (C, D, A) und neun vorsichtige.

Typ

	I	II	III	IV	V	VI	VII	VIII	IX
C	C	D	A	C	D	A	A	C	D
D	C	D	A	A	A	C	D	D	C

Verhalten

Jeder dieser Typen wählt sein Verhalten in Abhängigkeit der beobachteten Charakteristik seines Gegenübers (C oder D). So verhält sich etwa Typ IV kooperativ, wenn er sein Gegenüber als C-Typ identifiziert und weicht aus, wenn er sein Gegenüber als D-Typ identifiziert. Typ V beutet einen 'kooperativen' Typen aus und vermeidet die Interaktion (A) mit einem 'unkooperativen' Typen. Dieser 'wahrgenommene Charakter' wird einzig durch das Verhalten bestimmt. Ein 'ehrlicher' Typ, so wird angenommen, verhält sich entweder kooperativ, oder er entscheidet sich, das Projekt gar nicht durchzuführen, da es ihm aufgrund des Partners zu riskant erscheint. Deshalb erhält jeder, der sich (unter Umständen nur manchmal) nicht kooperativ verhält den Charakter D. Wählt jemand ausschließlich A, so kann ihm wegen mangelnder Beobachtungen kein Charakter zugeordnet werden. Dies ist jedoch irrelevant, da sein Partner gar nicht die Wahl erhält, das Projekt durchzuführen.

Aus der Tabelle erkennt man, daß die beiden Typen VIII und IX kein einheitlich gerichtetes Verhalten offenbaren. Sie können deshalb nicht glaubwürdig vermitteln, daß sie sich unumkehrbar auf kooperatives Verhalten festgelegt

[4] Die entsprechende Replikatordynamik wird im Anhang formuliert.

haben. Die folgende Zuordnung der Charakterzüge ist somit kompatibel mit der Argumentation von Frank (siehe oben).

Typ

I	II	III	IV	V	VI	VII	VIII	IX
C	*D*		*C*	*D*	*C*	*D*	*D*	*D*

zugeordnete Charakteristik

Diese neue Entscheidungssituation, die nun mit Hilfe der Replikatordynamik analysiert werden soll, lässt somit insgesamt 12 Strategien zu. Von diesen lassen sich jedoch 7 Strategien mit Hilfe eines Dominanzargumentes sofort eliminieren.

I, *II* und *III* sind strikt dominiert durch die entsprechenden *naiven* Typen, da sie zwar die Informationskosten auf sich nehmen, diese gewonnene Information jedoch nicht benutzen. Sie verhalten sich somit genau wie ihr naives Gegenstück, sind diesen aber wegen der strikt positiven Kosten c unabhängig von allen anderen Aspekten unterlegen.

Betrachten wir weiterhin die drei letzten Typen (*VII* - *IX*). Alle werden als unglaubwürdig betrachtet und deshalb identisch behandelt wie Typ *II* bzw. der naive Typ D. Da bekannt ist, daß die Aktion D keinesfalls eine geringere Auszahlung liefert als die Aktion C, sind die Typen *VIII* und *IX* schwach dominiert durch *II* und damit strikt dominiert durch D. Mit der selben Argumentation kann man Typ *VII* ausschließen, welcher gegen 'ehrliche' Typen mit A reagiert, statt deren Gutmütigkeit auszunützen.

VI wiederum nützt die Kooperationsbereitschaft durch ehrliche Typen nicht aus, sondern weicht diesen aus und ist somit schwach dominiert durch Typ *I* und damit ebenfalls strikt dominiert von Typ C.

Da die Replikatordynamik strikt dominierte Strategien eliminiert, verbleiben neben den naiven Typen lediglich zwei relevante vorsichtige Typen. Wir nennen Typ *IV* N (nett) und *VII* R (kurzfristig rational).

Damit ergibt sich folgende reduzierte Auszahlungsmatrix des Projektes:

$$
\begin{array}{c}
 \\ C \\ D \\ N \\ R
\end{array}
\begin{array}{c}
\begin{array}{cccc} C & D & N & R \end{array} \\
\begin{pmatrix}
\alpha & -\gamma & \alpha & -\gamma \\
\beta & -\delta & 0 & 0 \\
\alpha - c & -c & \alpha - c & -c \\
\beta - c & -c & -c & -c
\end{pmatrix}
\end{array} =: B
$$

Da angenommen wird, daß die Kosten c relativ zum Ertrag gering sind,

$$c < \max\{\alpha, \delta, \beta - \alpha\},$$

weist diese reduzierte Form keine Dominanzrelation mehr auf. Diese Entscheidungssituation besitzt kein Nash-Gleichgewicht in reinen Strategien, jedoch zwei Nash-Gleichgewichte in gemischten Strategien. Das eine beinhaltet lediglich die beiden Typen D und R, das zweite Gleichgewicht schließt sowohl die beiden naiven Typen D und C ein, als auch den vorsichtigen N. Im letzteren Gleichgewicht kann somit sowohl die 'kooperative' Ausprägung (C, C) als auch die nicht-kooperativen (D, D) und (C, D) beobachtet werden. Die Häufigkeit von D Typen hängt wesentlich von der Höhe der Kosten c ab. Strebt diese Größe gegen Null (ohne jedoch ganz zu verschwinden), sind also die Kosten des Entdeckens sehr gering, so lohnt abweichendes Verhalten im Allgemeinen nicht und wird deshalb nur selten beobachtet werden.

Im folgenden Abschnitt soll nun analysiert werden, welches Verhalten sich in diesem Modell langfristig einstellen wird, wenn der adaptive Prozess durch die Replikatordynamik beschrieben werden kann.

5.4 Dynamik

Da es sich hier um ein zweistufiges Spiel handelt, muß die Replikatordynamik in ihrer Struktur erweitert werden. Einerseits haben die Spieler die Möglichkeit, am Projektspiel gar nicht teilzunehmen und damit eine sichere Auszahlung (normiert auf 0) zu erzielen. Die Teilnehmer, welche sich entscheiden, am Projektspiel teilzunehmen werden zufällig gepaart und realisieren eine erwartete Auszahlung in Abhängigkeit der Zusammensetzung der Teilpopulation.

Im Unterschied zur 'gewöhnlichen' Replikatordynamik werden die Paare hier nicht aus der gesamten Poulation gebildet, sondern nur aus der Teilpopulation an Spielern, welche grundsätzlich Bereitschaft signalisieren, am Projektspiel teilzunehmen.

Die relative Zusammensetzung der Teilnehmer am Spiel verändert sich somit gemäß der Replikatordynamik eingeschränkt auf diese Teilpopulation. Bezeichnet x_i den relativen Anteil einer der vier oben charakterisierten Strategien innerhalb der Teilnehmer, so ergibt sich der erste Teil der Dynamik als

$$\dot{x}_i = x_i \cdot ((Bx)_i - xBx), \quad i \in S \tag{5.1}$$

Der absolute Anteil X der Teilnehmer verändert sich gemäß der folgenden Dynamik

$$\dot{X} = X \cdot \big((xBx) - (X \cdot xBx + (1 - X) \cdot 0)\big) = X \cdot (xBx) \cdot (1 - X) \tag{5.2}$$

welche wiederum die Struktur der Replikatordynamik , nun aber angewandt auf die gesamte Population, aufweist.

Der Anteil der Teilnehmer steigt somit immer dann, wenn ein positiver Ertrag erwartet werden kann. Diese Formulierung erlaubt, zunächst die Dynamik 5.1 unabhängig von der Gesamtdynamik zu analysieren.

Betrachtet man in dieser eingeschränkten Dynamik den Fixpunkt, der sich durch das Nash-Gleichgewicht (D, R) ergibt. So zeigt sich, daß dieses Nash-Gleichgewicht eine weitere beste Antwort aufweist, die Strategie N, welche sich zudem für jeden beliebig kleinen Anteil $x_N > 0$ als strikt erfolgreicher erweist. Der Fixpunkt kann somit nicht stabil sein. Man kann sogar zeigen, daß das Verhalten R für jeden Orbit, der in einer vollständig gemischten Population startet, eliminiert wird. Dies erscheint erstaunlich, da R in jeder Paarung die relativ beste Strategie wählt, D falls sein Gegenüber Kooperationsbereitschaft erkennen lässt und A in allen anderen Fällen. Zwei Aspekte treiben dieses Ergebnis. Der erste Grund sind die aufzuwendenden Kosten, welche allerdings, wegen der Annahme geringer Kosten, lediglich als Instrument dienen, im Falle einer Indifferenz eine Auswahl zugunsten der 'naiven' Strategien zu treffen. Der entscheidende Grund liegt darin, daß das obige Argument lediglich kurzfristige Überlegungen berücksichtigt, langfristige Effekte jedoch vernachlässigt. Ein Individuum vom Typ R offenbart sich den vorsichtigen Akteuren gegenüber als 'un-kooperativ', was ihm in Bezug auf N der Möglichkeit entzieht, ertragreiche Kooperation auszunützen.

Damit ergibt sich das folgende Ergebnis[5]:

Für jede vollständig gemischte Ausgangspopulation tendiert x_R langfristig gegen 0. Ist c klein genug (aber positiv), so existiert ein gemischtes Gleichgewicht (C, D, N). Ist zusätzlich

$$(\gamma - \delta)(\alpha - c) < (\beta - \alpha)(\delta - c),$$

dann ist dieses Gleichgewicht im Projektspiel stabil.

Abbildung 5.2 veranschaulicht dieses Ergebnis für die Parameter $\alpha = 2, \beta = 6, \gamma = 2, \delta = 1$, und $c = .2$ sowie die Ausgangskonstellation $(x_C, x_D, x_N, x_R) = (.7, .05, .05, .2)$. Selbst wenn man mit einem hohen Anteil C startet und damit kurzfristige Vorteile für R generiert, kann sich dieser langfristig nicht durchsetzen.

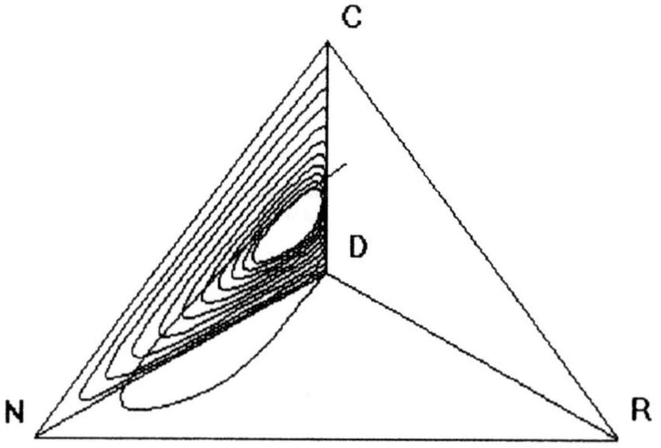

Abbildung 5.2: Konvergenter Orbit

Kehren wir nun zurück zur Gesamtdynamik. Konvergiert die eingeschränkte Dynamik, und ist die Auszahlung in diesem Gleichgewicht von 0 verschieden, so wird, wegen der Stetigkeit der Auszahlungfunktion, die durchschnittliche Auszahlung im Projektspiel ab einem bestimmten Zeitpunkt das selbe Vorzeichen besitzen, wie die Gleichgewichtsauszahlung. Ist diese positiv, so wird der Anteil der Teilnehmer am Projektspiel X langfristig gegen 1 streben, Im Fall einer negativen Gleichgewichtsauszahlung gegen 0.

[5]Die ausführliche Analyse findet sich in Amann und Yang [6].

Damit können wir das obige Resultat vervollständigen:

Existiert ein asymptotisch stabiler Fixpunkt der eingeschränkten Dynamik und gilt überdies

$$\frac{\alpha\gamma}{\alpha+\gamma} > c,$$

so ist die erwartete Auszahlung im Gleichgewicht positiv und dieses setzt sich damit auch gegenüber der Option A durch, gar nicht an diesem Projekt teilzunehmen.

Selbst wenn das (gemischte) Nash-Gleichgewicht nicht stabil ist, führt die globale Dynamik nicht notwendigerweise dazu, daß die Alternative A langfristig dominiert, wie das folgende Zahlenbeispiel zeigt. Sei $\alpha = 2, \beta = 5, \gamma = 4, \delta = 1.5$, und $c = 1.2$, so ist der innere Fixpunkt instabil (Abbildung 5.3).

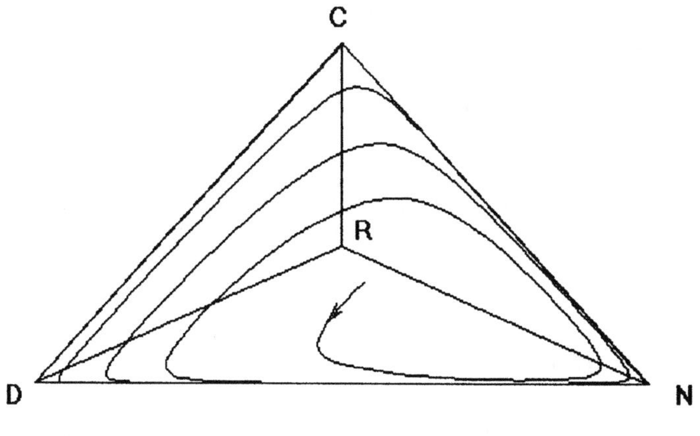

Abbildung 5.3: Divergenter Orbit

Dennoch strebt X gegen 1 (Abbildung 5.4).

Das Nash-Gleichgewicht des sequentiellen Spiels (einzutreten und gemäß den Wahrscheinlichkeiten des gemischten Gleichgewichts die drei Strategien C, D, N zu spielen) wird zwar durch die adaptive Dynamik zu keinem Zeitpunkt, wohl aber im Mittel erreicht.

Auch wenn diese Struktur nicht die sozial effiziente Lösung des 'Gefangenendilemmas' realisiert, da einerseits nicht grundsätzlich das kooperative Ergebnis erreicht und andererseits Kosten aufgewandt werden müssen, nicht kooperatives Verhalten zu offenbaren, erreicht sie dennoch, daß Individuen

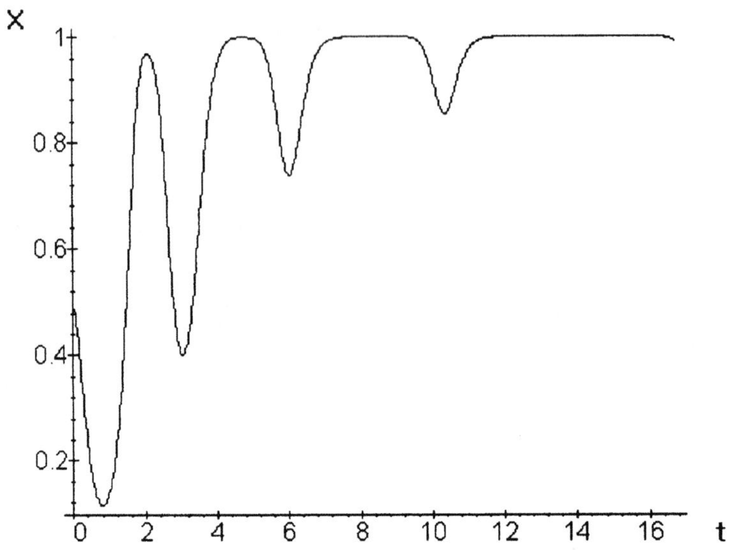

Abbildung 5.4: Positive Gleichgewichtsauszahlung

entgegen der kurzfristigen Optimierung einen Anreiz erkennen, sich kooperativ zu verhalten, und sich damit dem effizienten Ergebnis annähern können.

5.5 Unvollkommene Information

Im vorangegangenen Abschnitt haben wir unterstellt, daß der 'Charakter' des Gegenspielers mit Sicherheit identifiziert werden kann. Dies kann wohl zurecht als unrealistisch zurückgewiesen werden. Somit stellt sich die Frage, inwieweit Kooperation auch dann als Gleichgewichtsphänomen erklärt werden kann, wenn man auf diese Annahme verzichtet.

Es sei nunmehr angenommen, das beobachtete Merkmal sei nicht zuverlässig. Merkmal und Charakter stimmen lediglich mit Wahrscheinlichkeit ρ überein. Mit der Gegenwahrscheinlichkeit $(1 - \rho)$ ist die Beobachtung somit unzuverlässig. Der Akteur, welcher ein bestimmtes Merkmal beobachtet, kann somit niemals sicher sein, daß seine Erwartung korrekt ist. Damit ist gewissermaßen die Entsprechung zum Modell von Harrington [44] geschaffen, welcher, in der Modellierung nach Franck, unter unvollkommener Information abweichendes Verhalten als stabiles Phänomen nachwies.

Da ein Akteur sein Verhalten lediglich vom beobachteten Mekmal abhängig machen kann, sei nach wie vor unterstellt, daß die Akteure wie in der vorangegangenen Modellierung handeln. Auch in dieser Formulierung können wie oben durch Dominanzargumente alle vorsichtigen Typen mit Ausnahme der beiden Typen N sowie R eliminiert werden. Die reduzierte Auszahlungsmatrix ist nunmehr allerdings deutlich komplexer, da sowohl N als auch R mit gewisser Wahrscheinlichkeit ihr Gegenüber falsch einschätzen.

$$\begin{array}{c} \\ C \\ D \\ N \\ R \end{array} \begin{array}{c} \begin{array}{cccc} C & D & N & R \end{array} \\ \left(\begin{array}{cccc} \alpha & -\gamma & \rho\alpha & -\rho\gamma \\ \beta & -\delta & (1-\rho)\beta & -(1-\rho)\delta \\ \rho\alpha - c & -(1-\rho)\gamma - c & \rho^2\alpha - c & -\rho(1-\rho)\gamma - c \\ \rho\beta - c & -(1-\rho)\delta - c & \rho(1-\rho)\beta - c & -(1-\rho)^2\delta - c \end{array} \right) \end{array}$$

Diese Modellierung bevorzugt offensichtlich Typ R, da dieser nun nicht mit Sicherheit auf ein möglicherweise aussichtsreiches Projekt mit Spieler vom Typ N verzichten müssen.

Tatsächlich gilt: *Für jedes $c > 0$ und jedes ρ (mit $1/2 < \rho < 1$) gibt es ein Nash-Gleichgewicht, in dem lediglich nicht kooperatives Verhalten (D bzw. R) beobachtet wird. In diesem Nash-Gleichgewicht stiften die Strategien D und R eine strikt größere Auszahlung als die anderen Strategien und damit ist der zugehörige Fixpunkt der (eingeschränkten) Dynamik lokal asymptotisch stabil.*

Ist c klein ($c > 0$) und ρ nahe bei 1, dann existiert ein weiteres Nash-Gleichgewicht (z^{CDN}). Der zugehörige Fixpunkt ist genau dann asymptotisch stabil, wenn er, eingeschränkt auf $x_R = 0$, global stabil ist (in Bezug auf die eingeschränkte Dynamik).

Während das erste Gleichgewicht jedoch immer eine negative erwartete Auszahlung liefert, kann letzteres durchaus eine positive erwartete Gleichgewichtsauszahlung ergeben. Dies ist immer dann der Fall, wenn zusätzlich

$$c\,[(\alpha + \rho\gamma)\beta - \alpha(1-\rho)(\beta + \delta)] < \alpha\beta\gamma(1 - 2\rho)^2,$$

also wenn einerseits das Gleichgewicht unter vollkommener Information stabil, und andererseits die erworbene Information ausreichend aussagekräftig ist. In Abhängigkeit von der Ausgangskonstellation setzt sich dann also entweder die Option A oder das gemischte Gleichgewicht C, D, N durch. Diese Anforderung ist nicht besonders restriktiv wie Abbildung 5.5 zeigt. Diese stellt dar, für welche Werte von c und ρ diese Bedingung erfüllt ist, wenn die Parameter wie im obigen Beispiel gegeben sind ($\alpha = 2, \beta = 6, \gamma = 2, \delta = 1$). Zwar ist die Bedingung sowohl in Region I als auch in Region II erfüllt, ein gemischtes Gleichgewicht existiert jedoch in Region II nicht.

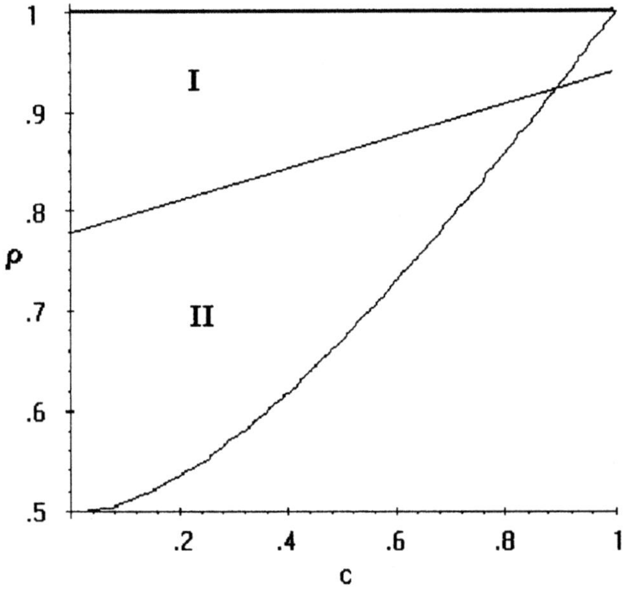

Abbildung 5.5: Positive Gleichgewichtsauszahlung

Unterstellt man, daß die Interaktion nicht global sondern lokal stattfindet, so ist das kooperative Ergebnis sogar fast mit Sicherheit zu erwarten. Bilden sich nämlich in der Gesamtpopulation von Individuen, welche zum überwiegenden Teil die Option A wählen, kleine 'Inseln' heraus, in denen (unter zufälligen Ausgangskonstellationen) obiges Spiel gespielt wird, so stellen wir fest, daß Inseln, auf denen sich das 'un-kooperative' Gleichgewicht (D bzw. R) durchsetzen würde, immer kleiner werden und langfristig verschwinden, während Inseln in denen sich das 'kooperative' Gleichgewicht einstellt – und das wird immer dann der Fall sein, wenn in der Ausgangskonstellation der Anteil x_R nicht zu groß im Vergleich zu x_N ist – langfristig wachsen und schließlich die gesamte Population umfassen. In diesem Sinn stellt das 'kooperative' Gleichgewicht einen global stabilen Zustand dar, Kooperation kann sich somit, im Gegensatz zum Ergebnis von Harrington [44], auch dann durchsetzen, wenn die Information des Signals in jedem Falle unvollkommen ist.

Ein Merkmal kann somit helfen, die Ineffizienz des Gefangenendilemmas zu reduzieren. Kann diese Information nur unter Kosten erworben werden, so kann beides, Kooperation und Nicht-Kooperation, als Gleichgewichtsphänomen erklärt werden. Ein gemischtes Gleichgewicht (C, D, N) kann auch dann asymptotisch stabil sein, wenn das Merkmal nur unvollkommene Information über das Verhalten des Partners gibt. Auch wenn im Ausgangszustand Nicht-Kooperation vorherrscht, kann das (*kooperative*) Gleichgewicht erreicht werden.

5.6 Soziale Präferenzen

Franks Ansatz unterstellt, daß die Individuen sich für bestimmte Präferenzen 'entscheiden'. Im vorangehenden Modell (ebenso wie in der Arbeit von Frank) wurden die Typen jedoch durch ihr Verhalten charakterisiert, und man mag fragen ob dieses Verhalten tatsächlich Ergebnis eines Nutzenmaximierungskalküls mit bestimmten Präferenzen sein kann, und welcher Art möglicherweise solche Präferenzen sein mögen.

Grundsätzlich ist klar, daß jedes Verhalten durch entsprechende Präferenzen gestützt werden kann, indem diesem und nur diesem Verhalten ein positiver Nutzten zugeordnet wird. Der Ansatz hier soll sich auf einfache, und möglichst wenige Typen beschränken, welche sich ausschließlich auf reale Größen und nicht auf Verhaltensweisen beziehen. Im vorliegenden Fall sind dies die (monetären) Auszahlungen der beiden Beteiligten, bezeichnet mit x_1, x_2. Die Präferenzstrukturen sollen sich also möglichst auf diese beiden Größen und ihr Verhältnis zueinander beziehen.

Eine mögliche Formulierung, aber selbstverständlich nicht die einzige, ist folgende, welche sich auf drei Aspekte bezieht: die relative Auszahlung $x_1 - x_2$, die durchschnittliche Auszahlung $z = \frac{x_1+x_2}{2}$ sowie die absolute Differenz zur durchschnittlichen Auszahlungen $\mid x_1 - z \mid$. Die Idee für einen Ansatz 'relativer Präferenzen' findet sich vielfätig, etwa bei Olson [71], Becker [11] oder Axelrod [7]. Holländer [53] formuliert – im Zusammenhang mit der Bereitstellung eines öffentlichen Gutes – einen Ansatz, in welchem Individuen nicht nur die Zustimmung der Mitmenschen für ihr eigenes Verhalten positiv bewerten, sondern auch Präferenzen in Bezug auf die relative Höhe der Zustimmung im Vergleich zum Durchschnitt aufweisen.

Gestützt auf die oben formulierten Größen erhalten wir Nutzenfunktionen, die durch drei Parameter c_1, c_2 und c_3 charakterisiert sind:

$$u_1(x_1, x_2) = c_1 \cdot (x_1 - x_2) + c_2 \cdot z - c_3 \cdot \mid x_1 - z \mid .$$

Diese Formulierung schließt auch Individuen mit einer rein monetärer Nutzenfunktion ein, wenn die Parameter $c_1 = 1$, $c_2 = 2$ und $c_3 = 0$ gewählt werden. Um die zulässigen Typen noch weiter einzuschränken, sei jedoch unterstellt, daß die Parameter c_1, c_2, c_3 nur die Werte 0 oder 1 annehmen können. Damit ergeben sich die folgenden sieben Präferenzen.

(c_1, c_2, c_3)	Typen	Nutzenfunktion		
$(1, 0, 0)$	D	$x_1 - x_2$		
$(0, 1, 0)$	C	$\frac{x_1 + x_2}{2}$		
$(0, 0, 1)$	A	$- \mid \frac{x_1 - x_2}{2} \mid$		
$(1, 1, 0)$	R	$\frac{3x_1 - x_2}{2}$		
$(1, 0, 1)$	D'	$x_1 - x_2$	falls $x_1 > x_2$	bzw.
		$3 \cdot (x_1 - x_2)$	falls $x_1 < x_2$	
$(0, 1, 1)$	N	$\min\{x_1, x_2\}$		
$(1, 1, 1)$	R'	x_1	falls $x_1 > x_2$	bzw.
		$2 \cdot x_1 - x_2$	falls $x_1 < x_2$	

Diese Präferenzen stellen immer *kurzfristige* Präferenzen dar, langfristige Folgen einer konkreten Handlungsweise, wie sie in obigem Modell auftreten werden durch sie nicht berücksichtigt. In Verbindung mit dem vorangegangenen Ansatz möchte ich hier die Frage stellen, inwiefern sich soziale *Präferenzen* in einem evolutionären Kontext behaupten können. Hier soll lediglich die Idee aufgezeigt werden. Sollen sie tatsächlich eine Art sozialer Präferenzen darstellen, welche sich in einem gesellschaftlichen Umfeld entwickeln, müssten sie sich auch in anderen Entscheidungssituationen bewähren. Dies ginge aber über den hier gesteckten Rahmen hinaus.

Nunmehr ist nicht mehr das Verhalten als solches Gegenstand der Dynamik, sondern die Präferenz des Trägers. Somit stellt sich die Frage, wie eine solche Präferenz weitergegeben oder übernommen wird. Da sich die Individuen ihre Präferenz nicht wählen, muß die Zuordnung gewissermaßen unbewusst geschehen. Eine mögliche Modellierung in einem langfristigen Rahmen findet sich im nachfolgenden Kapitel, in dem unterstellt wird, Präferenzen vererben sich.

Aber auch mittelfristig kann man durchaus unterstellen, daß sich kurzfristige Präferenzen (in Bezug etwa auf ein Partnerspiel) durch beobachtetes Verhalten verändern können: Selbst Individuen welche zunächst altruistisch motiviert sind, können möglicherweise zu 'Egoisten' 'mutieren', wenn sie beobachten, daß sie ausschließlich von Egoisten umgeben sind. Möglicherweise kann mit einem solchen Ansatz in Experimenten beobachtetes und mit den klassischen Ansätzen nicht erklärbares Verhalten besser beschrieben werden (siehe etwa Cooper et.al. [23]). An dieser Stelle möchte ich jedoch nicht weiter auf die Problematik eingehen.

Unterstellt man nun obige Präferenzen und (kurzfristig) rationales Verhalten gegeben diese Präferenzen, so ergibt sich Übereinstimmung mit den entsprechenden Typen des Modells folgendermaßen. Der erste Typ (1,0,0) ist ausschließlich an der relativen Auszahlung interessiert, diese wird immer maximiert, wenn er selbst D wählt. Die selbe Verhaltensweise ergäbe sich in der Parameterkonstellation (1,0,1), in welcher sich negative Abweichungen in noch stärkerer Nutzenbeeinträchtigung auswirken. Die durchschnittliche Gesamtauszahlung wird durch die Wahl von C maximiert (Typ (0,1,0)), während ausschließlich A garantiert, daß die Auszahlungen mit Sicherheit identisch sind[6]. Typ R ist in erster Linie an einer möglichst hohen Auszahlung interessiert. Dies ist etwa bei den Parameterwerten (1,1,0) gegeben, könnte aber ebenso gut durch die reine monetäre Auszahlung charakterisiert werden,

[6]Dieser Auszahlung kommt auch ein 'TIT FOR TAT' Spieler nahe, etwa Typ *VIII* aus dem Modell, dieser hätte allerdings den Nachteil die Informationskosten auf sich nehmen zu müssen und hätte deshalb eine Auszahlungsdifferenz in Kauf zu nehmen.

welche hier jedoch wie oben formuliert ausgeschlossenen ist, oder durch die Parameterkonstellation (1,1,1). Bei der Parameterkonstellation (0,1,1) ergeben sich Rawls'sche Präferenzen, welche zur Folge haben, daß der Spieler nur altruistisch motiviert ist, so lange der Gegenspieler schlechter abschneidet, und er sich somit wie Typ N im Modell verhält.

Da die Präferenzen eindeutiges Verhalten induzieren, das mit den entssprechenden Typen im Modell übereinstimmt, können die Ergebnisse der dynamischen Analyse übertragen werden. Auch wenn sich, durch die Übereinstimmung unterschiedlicher Parameterkonstellationen Mehrdeutigkeit ergibt, sieht man dennoch, daß sich in einem solchen Ansatz (teilweise) altruistische Präferenzen selbst in einem kompetitiven Modellrahmen behaupten können.

Kapitel 6

Selektion von Präferenzmustern

Evolutionäre Modelle beschreiben Verhaltensänderungen in großen Populationen. Insofern ist es naheliegend, auch gesellschaftlich relevante Phänomene, wie etwa die Art der Ausbildungswahl mit Hilfe evolutionärer Modelle zu analysieren. Ausbildung ist sicherlich ein Faktor der die Wohlfahrt einer Gesellschaft wesentlich beeinflusst. Ihre Qualität wird von staatlichen Institutionen auf der einen und privaten 'Investitionen' auf der anderen Seite geprägt. Der evolutionäre Ansatz zielt naturgemäß auf die private Entscheidung und nimmt die staatliche Institution als Rahmenbedingung.

Der klassische Ansatz der Familienökonomie unterstellt, daß Eltern nutzenmaximierend agieren, wobei ein Teil ihres Nutzens durch Altruismus ihren Kindern gegenüber geprägt ist. In ihre Nutzenfunktion gehen somit sowohl ihr eigenes Einkommen, als auch, mit einer in der Regel geringeren Gewichtung, das Einkommen ihrer Kinder ein. Die Höhe der optimalen Ausbildungsinvestition kann damit in Abhängigkeit von der Gewichtung sowie des Grenzertrags der Ausbildung ermittelt werden.

Ein weiterer wesentlicher Aspekt der Ausbildungsentscheidung betrifft die Frage wie Eltern den Gesamtbetrag, den sie in die Ausbildung ihrer Kinder investieren, auf zwei (oder mehrere) Kinder mit unter Umständen unterschiedlichen Fähigkeiten, aufteilen. Ein Modell, welches die Fähigkeiten der Kinder als Entscheidungsgrundlage für die Ausbildungsinvestition modelliert, stammt von Becker [12]. Ausbildung wird darin gewissermaßen als

Anlageform gesehen, und die Investition davon abhängig gemacht, inwiefern der erwartete Ertrag höher als der entsprechende Marktzins ist. Becker und Tomes [13] erweitern dieses Modell durch eine Entscheidung über Qualität bzw. Quantität an Kindern, wobei das Augenmerk auf die Auswirkung unterschiedlicher Ausstattung der Kinder gelegt wird.

In einem anderen Ansatz modellieren Behrman et. al. [14] die Präferenzen der Eltern in Form von CES Nutzenfunktionen. Dies hat zur Folge, daß der Nutzen der Eltern davon abhängig ist, wie sich das Einkommen der Kinder auf diese verteilt. Mit einem bestimmten Investitionsvolumen können somit, in Abhängigkeit von den Fähigkeiten der Kinder, unterschiedliche Einkommensverteilungen realisiert werden, unter welchen sich die Eltern diejenige auswählen, welche ihren Nutzen maximiert.

Weshalb unterschiedliche Präferenzen entstehen oder ob sich ein bestimmtes Präferenzmuster in einer Gesellschaft durchsetzt, soll hier mit einem evolutionären Ansatz modelliert werden[1]. Um die Analyse zu vereinfachen gehen wir von einer endlichen Anzahl möglicher Präferenzmuster aus, und analysieren die Entwicklung der Häufigkeiten mittels einer (diskreten) Replikatordynamik .

6.1 Evolution von Präferenzen

Unterstellt sei eine große Population von Individuen (eine Generation), welche die Ausbildungsentscheidung für ihre Kinder zu treffen haben. Da geschlechtsspezifische Aspekte hierbei nicht analysiert werden sollen, seien diese der Einfachheit halber weiblichen Geschlechts. Jedes Individuum ist charakterisiert durch zwei Variablen, ihr Einkommen (Vermögen) η sowie ihr Präferenzmuster ϕ, wobei hier lediglich der Aspekt der individuellen Präferenzen berücksichtigt werden soll, der sich auf die Ausbildungsinvestition bezieht. Synonym für diese Präferenzen verwende ich deshalb im weiteren auch den Begriff des *Erziehungsstils.*

Es bezeichne $q(\eta, \phi)$ die Häufigkeit von Individuen vom Typ (η, ϕ) $(\sum_{\eta,\phi} q(\eta, \phi) = 1)$. Eine konkrete Population unterschiedlicher Individuen wird also durch einen Vektor $(q(\eta, \phi))_{\eta,\phi}$ charakterisiert. Da wir an der zeitlichen Veränderung der Bevölkerungsanteile interessiert sind, sei $q^t = (q^t(\eta, \phi))_{\eta,\phi}$ der Zustand der Population zum Zeitpunkt t, einer Generation.

[1] siehe Amann, Korn und Yang [5]

Jede Mutter hat genau zwei Töchter. Jede Tochter ist von Geburt an mit gewissen Fähigkeiten τ ausgestattet, welche den möglichen Erfolg von Ausbildung beeinflussen und von den Müttern perfekt beobachtet werden können. Diese Modellierung folgt im wesentlichen dem Ansatz von Behrmann et. al. [14] und ermöglicht der Mutter, die Unterstützung für ihre Töchter in Abhängigkeit von deren Fähigkeit zu gestalten. Dabei sei angenommen, daß das Ausmaß der gesamten Investition in die Ausbildung beider Töchter nicht vom Präferenzmuster abhängig ist. Um die Analyse überschaubar zu halten, beschränken wir uns auf lediglich drei typische Verhaltensmuster (Präferenzen).

Mütter mit *elitärer* Einstellung haben das Ziel, einer Tochter möglichst optimale Voraussetzungen zu geben. Dies hat zur Folge, daß sie, falls sie Töchter mit unterschiedlichen Fähigkeiten haben, nur die Tochter mit den besseren Fähigkeiten unterstützen, während sie bei gleichen Fähigkeiten eine der beiden auswählen, und diese mit ihren gesamten Mitteln unterstützen.

Demgegenüber investieren *neutrale* Mütter grundsätzlich jeweils zu gleichen Teilen in jedes der beiden Kinder, unabhängig von deren Fähigkeiten.

Ausgleichende Mütter wiederum trachten danach, beiden Kindern identische Möglichkeiten zu eröffnen, und damit mögliche Unterschiede in deren Fähigkeiten auszugleichen. Im Extremfall sind diese Mütter auch bereit, lediglich das schwächere Kind voll zu unterstützen.

Die Fähigkeiten τ und das Einkommen η sollen vorerst auf jeweils zwei Ausprägungen beschränkt sein, eine hohe sowie eine niedrige. Die Mütter investieren einen festen Anteil ihres Einkommens $\alpha \cdot \eta$ in die Ausbildung ihrer Kinder, welche damit gemäß ihrer Fähigkeiten mit einer bestimmten Wahrscheinlichkeit w ein hohes Einkommen η_1 realisieren werden. Im anderen Falle realisieren sie lediglich ein geringes Einkommen η_0. Diese Wahrscheinlichkeit sei monoton wachsend in der Höhe der Ausbildungsinvestition ι für das entsprechende Kind, und bei identischer Investition größer für das fähigere Kind ($w = w(\iota, \tau)$, $\tau \in \{\tau_N, \tau_H\}$). Die Wahrscheinlichkeit, daß die Töchter einer Mutter vom Typ (η, ϕ) später über ein hohes Einkommen verfügen, hängt somit von der Funktion w und der Häufigkeit talentierter Töchter n_H ab. Diese beiden Faktoren sind im Modell exogen, und werden durch die ökonomischen und politischen bzw. die biologischen Rahmenbedingungen bestimmt.

Die (ex ante) Wahrscheinlichkeit, daß die Tochter einer Mutter vom Typ (η, ϕ) über ein hohes Einkommen η_1 verfügen wird, hängt also in diesem Modell davon ab, wie hoch die Investition ist und wie sie auf die beiden Töchter aufgeteilt wird, also vom Einkommen der Mutter η und ihrem Erziehungsstil ϕ. Beschreiben wir diese Wahrscheinlichkeit p als Funktion des Typs der Mutter $p(\eta, \phi)$, so ergibt sich die Häufigkeit der Töchter von Typ ϕ und Einkommen η als Interimsgröße $(\rho(\eta, \phi))$ folgendermaßen:

$$\begin{aligned} \rho^t(\eta_0, \phi) &= q^{t-1}(\eta_0, \phi) \cdot (1 - p(\eta_0, \phi)) + q^{t-1}(\eta_1, \phi) \cdot (1 - p(\eta_1, \phi)) \\ \rho^t(\eta_1, \phi) &= q^{t-1}(\eta_0, \phi) \cdot p(\eta_0, \phi) + q^{t-1}(\eta_1, \phi) \cdot p(\eta_1, \phi) \end{aligned} \tag{6.1}$$

Sie bestimmt sich aus den Häufigkeiten der jeweiligen Mütter multipliziert mit den Übergangswahrscheinlichkeiten $p(\eta, \phi)$ bzw. $1 - p(\eta, \phi)$.

An dieser Stelle setze nun der evolutionäre Prozess ein. Grundsätzlich sei angenommen, daß eine Tochter die 'Strategie' ihrer Mutter übernimmt. Abhängig vom (relativen) Erfolg dieser Strategie (siehe Kapitel 4, Seite 51) wechselt sie jedoch zu einer möglicherweise erfolgreicheren Strategie, gemäß der diskreten Replikatordynamik (siehe Abschnitt 4.8.3).

$$q^t(\eta, \phi) = \rho^t(\eta, \phi) \cdot \frac{u_\phi(q^{t-1})}{\bar{u}(q^{t-1})} \tag{6.2}$$

Die Auszahlungsfunktion $u(.)$ stellt hierbei so etwas wie ein gesellschaftliches Maß des Erfolges einer Strategie dar (abzugrenzen vom Nutzen des Individuums, welcher abhängig von der Präferenzstruktur des Individuums ist) und soll hier durch das erwartete Einkommen der Töchter bestimmt sein[2]. Diese Dynamik der Präferenzstruktur soll weniger als individuelle Entscheidung interpretiert werden, sondern als eine Art sozialer Evolution, vergleichbar der biologischen Evolution. Bezeichnet $q^t_\phi = q^t(\eta_0, \phi) + q^t(\eta_1, \phi)$ den Anteil der Bevölkerung, welcher den Erziehungsstil ϕ verwendet, und $Q^t_{\eta,\phi} = \frac{q^t(\eta,\phi)}{q^t_\phi}$ die relativen Anteile, wie sich Arme und Reiche innerhalb einer Präferenzstruktur aufteilen, so kann diese Auszahlungsfunktion folgendermaßen dargestellt werden.

$$\begin{aligned} u_\phi(q^t) &= \Big((1 - p(\eta_0, \phi)) \cdot Q^t_{\eta_0,\phi} + (1 - p(\eta_1, \phi)) \cdot Q^t_{\eta_1,\phi}\Big) \cdot \eta_0 \\ &\quad + \Big(p(\eta_0, \phi) \cdot Q^t_{\eta_0,\phi} + p(\eta_1, \phi) \cdot Q^t_{\eta_1,\phi}\Big) \cdot \eta_1 \end{aligned}$$

[2] Eine andere mögliche Auszahlungsfunktion könnte auch durch die Wahrscheinlichkeit bestimmt sein, wenigstens eine 'reiche' Tochter zu haben (siehe etwa die Formulierung in Amann und Korn [4]), oder auch das Einkommen, das die Tochter tatsächlich realisiert (siehe Amann, Korn und Yang [5]). Dies würde die Ergebnisse leicht verschieben, nicht jedoch die qualitative Aussage.

Die Wahrscheinlichkeit einer Tochter über ein niedriges/hohes Einkommen zur verfügen, unter der Voraussetzung, daß die Mutter den Erziehungsstil ϕ aufweist, ergibt sich hierbei aus den Gleichungen (6.1), normiert durch die Gesamthäufigkeit q^t_ϕ. Fasst man die entsprechenden Terme zusammen, so erhält man

$$\begin{aligned} u_\phi(q^t) &= \eta_0 + \left(p(\eta_0,\phi)\cdot Q^t_{\eta_0,\phi} + p(\eta_1,\phi)\cdot Q^t_{\eta_1,\phi}\right)\cdot(\eta_1-\eta_0) \qquad (6.3) \\ \bar{u}(q^t) &= \sum_\phi (q^t_\phi)\cdot u_\phi(q^t). \end{aligned}$$

Die Veränderung der Bevölkerungsanteile von einer Generation zur nächsten kann so durch eine Verknüpfung dieser beiden Aspekte, beschrieben durch die Gleichungen (6.1) und (6.2), dargestellt werden. Man beobachtet hier nicht nur eine Replikatordynamik, sondern durch das Verhalten der Mütter und die Auswirkung von Ausbildung ändert sich unter Umständen auch der Zustand, in dem sich ein Individuum befindet. Dies führt dazu, daß die Dynamik auf den ersten Blick deutlich komplizierter erscheint. Wie im nächsten Abschnitt deutlich wird, können die beiden Aspekte jedoch separiert und damit (im generischen Fall) globale Konvergenz nachgewiesen werden.

6.2 Stabilitätsanalyse

Die Entwicklung der Bevölkerungsanteile in diesem Modell wird bestimmt durch die Gleichungen (6.1),(6.2) und (6.3). Betrachtet man die relativen Bevölkerungsanteile eines Erziehungsstils ϕ, $\frac{q^t(\eta_0,\phi)}{q^t(\eta_1,\phi)}$ und deren Veränderung im Zeitablauf, so stellt man fest, daß diese Entwicklung ausschließlich von der relativen Größe innerhalb des Erziehungsstils, und gar nicht von den Bevölkerungsanteilen der übrigen Erziehungsstile abhängt. Dies folgt aus der Tatsache, daß die 'soziale Evolution' der Präferenzen zwar vom relativen Erfolg einer Strategie abhängig ist, aber keinen Einfluß auf die relative Zusammensetzung innerhalb eines Erziehungsstils aufweist[3] wie die folgenden Umformungen zeigen.

[3] Dies gilt, wie in Amann, Korn und Yang [5] gezeigt wurde, auch dann, wenn das Erfolgskriterium das eigene Einkommen darstellt.

$$\frac{q^t(\eta_0,\phi)}{q^t(\eta_1,\phi)} = \frac{\rho^t(\eta_0,\phi)}{\rho^t(\eta_1,\phi)} = \tag{6.4}$$
$$= \frac{q^{t-1}(\eta_0,\phi)\cdot(1-p(\eta_0,\phi)) + q^{t-1}(\eta_1,\phi)\cdot(1-p(\eta_1,\phi))}{q^{t-1}(\eta_0,\phi)\cdot p(\eta_0,\phi) + q^{t-1}(\eta_1,\phi)\cdot p(\eta_1,\phi)}$$

Da die relativen Größen nicht von der Anzahl der Individuen abhängen, welche den Erziehungsstil ϕ benutzen,

$$\frac{q^t(\eta_0,\phi)}{q^t(\eta_1,\phi)} = \frac{Q^t(\eta_0,\phi)}{Q^t(\eta_1,\phi)}$$

und außerdem $Q^t(\eta_0,\phi) = 1 - Q^t(\eta_1,\phi)$ gilt, ergibt sich die linke Seite von Gleichung (6.4) als

$$\frac{Q^t(\eta_0,\phi)}{Q^t(\eta_1,\phi)} = \frac{1}{Q^t(\eta_1,\phi)} - 1,$$

die rechte Seite als

$$\frac{Q^{t-1}(\eta_0,\phi)\cdot(1-p(\eta_0,\phi)) + Q^{t-1}(\eta_1,\phi)\cdot(1-p(\eta_1,\phi))}{Q^{t-1}(\eta_0,\phi)\cdot p(\eta_0,\phi) + Q^{t-1}(\eta_1,\phi)\cdot p(\eta_1,\phi)}$$
$$= \frac{1}{Q^{t-1}(\eta_0,\phi)\cdot p(\eta_0,\phi) + Q^{t-1}(\eta_1,\phi)\cdot p(\eta_1,\phi)} - 1.$$

So kann die Evolution der Bevölkerungsanteile innerhalb eines Erziehungsstils durch folgende Gleichung beschrieben werden:

$$Q^t(\eta_1,\phi) = p(\eta_0,\phi) + Q^{t-1}(\eta_1,\phi)\cdot\Big(p(\eta_1,\phi) - p(\eta_0,\phi)\Big). \tag{6.5}$$

Die Evolution der Bevölkerungsanteile eines Erziehungsstils kann somit so modelliert werden, als existiere nur dieser Erziehungsstil in der Population. Gleichung (6.5) ist eine lineare Abbildung von $[0,1] \to [0,1]$ und kann graphisch etwa durch Abbildung 6.1 dargestellt werden. Der Schnittpunkt mit der Diagonale stellt einen Fixpunkt der Dynamik dar, die strichlierten Pfade zeigen, daß die Bewegung zum Gleichgewicht monoton ist und die Dynamik somit ein eindeutiges global stabiles Gleichgewicht besitzt.

$$Q^*(\eta_0,\phi) = \frac{1-p(\eta_1,\phi)}{1+p(\eta_0,\phi)-p(\eta_1,\phi)}$$

$$Q^*(\eta_1,\phi) = \frac{p(\eta_0,\phi)}{1+p(\eta_0,\phi)-p(\eta_1,\phi)}$$

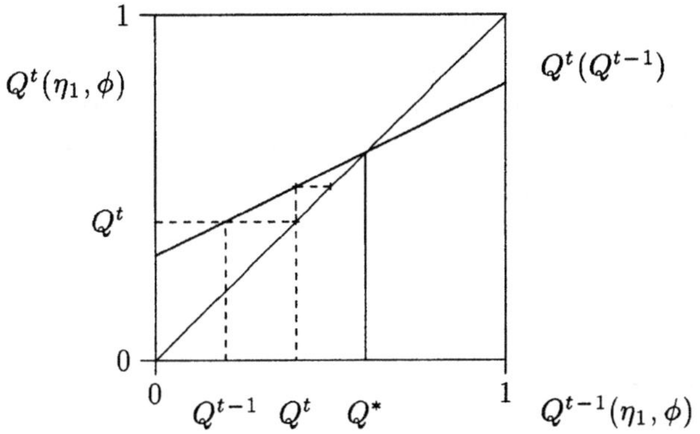

Abbildung 6.1: Evolution der Bevölkerungsanteile

Da dies für jeden Erziehungsstil zutrifft, werden in der allgemeinen Dynamik die Relationen der Reichen, welche einen Erziehungsstil aufweisen, zu den entsprechenden Armen diesem Gleichgewicht in endlicher Zeit beliebig nahe kommen.

Dies ermöglicht, in der allgemeinen Dynamik der Erziehungsstile, die Analyse auf solche Zustände einzugrenzen, welche sich dem Gleichgewicht 'reiner' Populationen bereits ausreichend angenähert haben, was folgende Formulierung erlaubt.

$$q^t_\phi = q^t(\eta_0, \phi) + q^t(\eta_0, \phi) = q^{t-1}_\phi \cdot \frac{u_\phi(q^{t-1})}{\bar{u}(q^{t-1})} \tag{6.6}$$

Aufgrund der Stetigkeit der Auszahlungsfunktion und der Tatsache, daß die Veränderung der Häufigkeit der einzelnen Erziehungsstile ausschließlich vom relativen Erfolg abhängt, wird durch die Gleichung (6.6) zunächst der Erziehungsstil eliminiert, der im Gleichgewicht den geringsten durchschnittlichen Erfolg aufweist[4].

$$\begin{aligned} u^*_\phi &= u_\phi\Big(Q^*(\eta_0, \phi), Q^*(\eta_1, \phi)\Big) \\ &= \eta_0 + (\eta_1 - \eta_0)\left[\frac{p(\eta_0, \phi)}{1 + p(\eta_0, \phi) - p(\eta_1, \phi)}\right] \end{aligned} \tag{6.7}$$

[4]Wie erwähnt beschränkt sich die Analyse auf Zeitperioden, in denen sich die Relationen zwischen Armen und Reichen bereits ausreichend dem Gleichgewicht angenähert haben. Davor kann auch ein Erziehungsstil, der weniger erfolgreich ist, durchaus an Gewicht gewinnen. Dieser Zeitraum beträgt jedoch wegen der raschen Konvergenz nur wenige Perioden.

Ist es möglich, alle Erziehungsstile nach ihrem Erfolg (der erwarteten Auszahlung im Gleichgewicht) zu ordnen, bzw. gibt es einen eindeutigen erfolgreichsten Erziehungsstil, so wird sich dieser Erziehungsstil letztlich durchsetzen, sofern dieser Erziehungsstil zu Beginn mit positiver Häufigkeit vertreten war, womit globale Konvergenz (unabhängig von der Ausgangssituation) garantiert ist.

6.3 Ergebnisse

Die so formulierte Bevölkerungsdynamik führt also generisch, d.h. bis auf die unwahrscheinliche Situation, daß zwei unterschiedliche Erziehungsstile im Gleichgewicht genau die selbe durchschnittliche Auszahlung aufweisen, zu einem eindeutigen Gleichgewicht. Dieses Gleichgewicht ist zudem unter allen Gleichgewichten das effiziente. Welcher Erziehungsstil der erfolgreichste ist, hängt jedoch wesentlich von der Parameterkonstellation ab, welche die Erfolgsfunktion bestimmen. Diese sind bestimmt durch gesellschaftliche aber auch politische Rahmenbedingungen, etwa die Bereitstellung einer gesetzlich gesicherten Grundausbildung, staatlichen Förderungen oder Ausleseverfahren und Durchlässigkeit des Systems, um nur drei Einflußfaktoren zu nennen.

Um mögliche Auswirkungen solcher Einflußfaktoren etas besser beurteilen zu können soll die Erfolgsfunktion etwas genauer spezifiziert werden. Der Erfolg eines Erziehungsstils wird bestimmt durch Gleichung (6.7). Die wesentlichen Faktoren die diese Größe bestimmen sind die Erfolgswahrscheinlichkeiten der Töchter $p(\eta, \phi)$, welche sich wieder aus der Erfolgsfunktion $w(\iota, \tau)$ und der Häufigkeit talentierter Töchter n_H ergibt. Nehmen wir an, talentierte Töchter seien ebenso häufig wie untalentierte und die Verteilung sei unabhängig, sowohl vom Talent der Mütter, als auch vom Talent der Schwester. Zusätzlich sei unterstellt, daß die Ausbildungsinvestition abnehmende Skalenerträgen aufweist.

Als Beispiel für eine solche Erfolgsfunktion kann etwa die Folgende dienen.

$$w(\iota, \tau) = c_\tau \cdot \frac{\iota + \hat{\iota}}{\iota + \hat{\iota} + 1}$$

Abbildung 6.2 stellt diese Funktion für eine konkrete Parameterkonstellation dar. Sind die Fähigkeiten der Kinder unabhängig und die Wahrscheinlichkeiten für τ_N und τ_H identisch, so ergibt sich der Erwartungswert $p(\eta, \phi)$ für

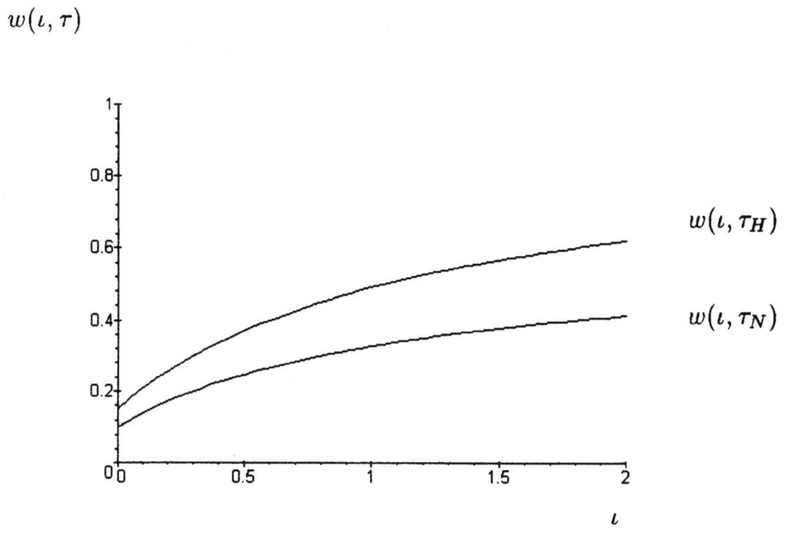

Abbildung 6.2: Erfolgswahrscheinlichkeit ($\hat{\iota} = .2,\ c_N = .6,\ c_H = .9$)

die einzelnen Erziehungsstile $\phi \in \{e, n, a\}$ folgendermaßen.

$$\begin{aligned} p(\eta,\phi) &= \frac{1}{8} \cdot (w(\iota_1(\tau_N,\tau_N,\phi),\tau_N) + w(\iota_2(\tau_N,\tau_N,\phi),\tau_N) \\ &\quad + w(\iota_1(\tau_N,\tau_H,\phi),\tau_N) + w(\iota_2(\tau_H,\tau_N,\phi),\tau_N) \\ &\quad + w(\iota_1(\tau_H,\tau_N,\phi),\tau_H) + w(\iota_2(\tau_N,\tau_H,\phi),\tau_H) \\ &\quad + w(\iota_1(\tau_H,\tau_H,\phi),\tau_H) + w(\iota_2(\tau_H,\tau_H,\phi),\tau_H)) \end{aligned}$$

Vergleicht man die Ausdrücke für die beiden Typen n und a, so fällt auf, daß diese sich lediglich in den vier (asymmetrischen) mittleren Termen unterscheiden. Da die ersten beiden sowie die letzten beiden dieser Terme sich in den beiden Erziehungsstilen nicht unterscheiden, kann man sie folgendermaßen vergleichen, und erkennt daß a strikt dominiert ist, da die Funktion $w(.,\tau)$ konkav ist, und $w(.,\tau_N)$ an jeder Stelle einen geringeren Grenzertrag liefert als $w(.,\tau_H)$.

Die neutrale Mutter investiert in jedes ihrer Kinder $\iota_i = \frac{\alpha\eta}{2}$. Sei ι_N^a bzw. ι_H^a die Investition der *ausgleichenden* Mutter in ihr Kind mit den (unterschiedlichen) Fähigkeiten τ_N^a bzw. τ_H^a .

$$w(\iota_N^a, \tau_N) + w(\iota_H^a, \tau_H) < w(\frac{\alpha\eta}{2}, \tau_N) + w(\frac{\alpha\eta}{2}, \tau_H) \quad \text{da} \quad \iota_H^a < \frac{\alpha\eta}{2} < \iota_N^a$$

Da jeder strikt dominierte Erziehungsstil eliminiert wird, genügt es die beiden restlichen Erziehungsstile zu betrachten.

$$\begin{aligned} p(\eta, e) &= \frac{1}{4}\left(c_N \frac{\alpha\eta + \hat{\iota}}{\alpha\eta + \hat{\iota} + 1} + c_H \frac{\hat{\iota}}{\hat{\iota} + 1}\right) + \frac{3}{4}\left(c_N \frac{\hat{\iota}}{\hat{\iota} + 1} + c_H \frac{\alpha\eta + \hat{\iota}}{\alpha\eta + \hat{\iota} + 1}\right) \\ p(\eta, n) &= \frac{1}{2}(c_N + c_H) \frac{\frac{\alpha\eta}{2} + \hat{\iota}}{\frac{\alpha\eta}{2} + \hat{\iota} + 1} \end{aligned}$$

Hier wirken nun zwei entgegengesetzte Effekte. Da die elitäre Mutter dem 'effizienteren' Kind einen höheren Anteil zukommen lässt, wird diese Investition einen höheren erwarteten Ertrag liefern. Dieser Effekt ist umso größer, je unterschiedlicher die Fähigkeiten der beiden Kinder sind. Abnehmende Skalenerträge führen jedoch dazu, daß dieser Ertrag verringert wird. Je stärker die Krümmung der Funktion $w(.)$ desto erfolgreicher wird die neutrale Mutter sein. Steigt das Einkommen, erhöht dies die Krümmung, was den neutralen Erziehungsstil relativ erfolgreicher macht. Dies ist immer dann der Fall, wenn das Einkommen η_0 ausreichend hoch ist, Abbildung 6.3 stellt dies für den Extremfall $\hat{\iota} = 0$ dar.

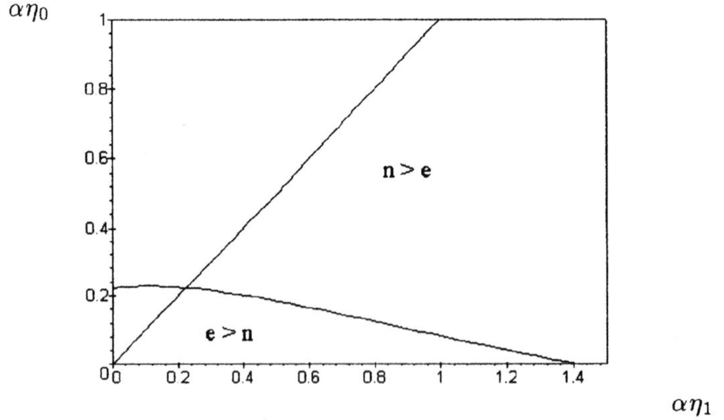

Abbildung 6.3: Erfolgreicher Erziehungsstil

Die Höhe der minimalen Investition $\hat{\iota}$ andererseits fördert die elitäre Mutter, und zwar unabhängig, ob die Investition als eine öffentliche Investition oder als (gesetzliche) Einschränkung individuellen Handelns verstanden wird. Überschreitet sie allerdings die effiziente Höhe (Grenzertrag der Ausbildung $w_1(\iota_N*, \tau_N) = w_1(\iota_H*, \tau_H)$), so nähern sich die Erfolgsaussichten der beiden Erziehungsstile einander an, eine weitere Erhöhung von $\hat{\iota}$ wirkt nivellierend, und fördert damit in relativ stärkerem Ausmaß die neutrale Mutter.

6.4 Verallgemeinerungen

Die vorausgegangenen Analysen lassen sich unmittelbar auch auf mehrere unterschiedliche Einkommensstufen sowie mehrere Abstufungen der Fähigkeiten der Kinder verallgemeinern. Auch die Einschränkung auf nur drei typische Präferenzmuster ist nicht grundsätzlich relevant. Allerdings müssen in einem solchen Modell eingeschränkter Rationalität die Grenzen individueller Beobachtbarkeit berücksichtigt werden. Ändert sich die Präferenzstruktur eines Individuums in Abhängigkeit des Erfolgs der einzelnen Erziehungsstile, so müssen diese grundsätzlich beobachtbar sein, eine zu starke Differenzierung könnte diese Beobachtbarkeit jedoch deutlich beeinträchtigen. Deshalb scheint es angebracht, die Vielfalt der Erziehungsstile auf wenige Typen zu beschränken, und die Einkommensstufen sowie die Abstufungen der Fähigkeiten der Kinder auf wenige identifizierbare Klassen zu beschränken.

Eine Einschränkung von unter Umständen größerer Bedeutung ist die Tatsache, daß das Lernverhalten in obigem Modell zustandsunabhängig formuliert wurde. Der relative Erfolg einer Strategie kann durchaus vom Zustand abhängig sein, im vorangegangenen Modell also davon ob eine Mutter über ein hohes, oder ein niedriges Einkommen verfügt. Wie das Beispiel im vorangegangenen Abschnitt gezeigt hat, ist es möglich, daß die arme Mutter mit einem elitären Erziehungsstil erfolgreicher ist, als jene mit dem neutralen Erziehungsstil, während bei einem höheren Einkommen die entgegengesetzte Relation zutrifft. Es kann somit individuell sinnvoll sein, das Lernverhalten zustandsabhängig zu machen.

In Amann und Korn [4] werden solche Überlegungen in einem ganz anderen Zusammenhang untersucht, der Entwicklung von Risikoeinstellung in Investitionsentscheidungen. In einem solchen Kontext ist es, im Gegensatz zum vorangegangenen Modell möglich, daß unterschiedliche Verhaltensweisen auch in einem Modell adaptiver Anpassung koexistieren können.

Angewandt auf das Generationenmodell würde eine solche, zustandsabhängige Lernregel fordern, daß unterschiedliche Kinder, auch der selben Mutter, nach unterschiedlichen Kriterien ihr Verhalten herausbilden sollten, etwa durch ein differenziertes Ausbildungssystem. Die reine Vererbung würde demnach unter Umständen zu einem ineffizienten Ergebnis führen, da sich der Zustand eines Individuums von einer Generation zur nächsten ändern kann, und das oben formulierte Lernmodell somit zu träge auf Zustandsänderungen reagiert.

Die Interpretation der minimalen Ausbildungsinvestition im vorangegangenen Abschnitt als staatlich bereitgestellte Ausbildung schließlich wirft die Frage der Finanzierung auf. Muß diese wiederum aus privaten Mitteln bereitgestellt werden, so kann sich daraus eine Rückwirkung in Bezug auf die (verbleibende) private Ausbildungsentscheidung ergeben mit möglichen Konsequenzen auf die Ergebnisse.

Ein weiterer möglicherweise nicht zu vernachlässigender Punkt ist die Häufigkeit talentierter Töchter, sowie eine durchaus wahrscheinliche Abhängigkeit dieser Größe vom Talent der Mütter. Auch in diesem Zusammenhang stellt sich die Frage nach einer zustandsabhängigen Dynamik, die an dieser Stelle jedoch nicht mehr weiter vertieft werden soll.

Kapitel 7

Heterogenes Lernverhalten

Fast alle evolutionären Modelle gehen von einheitlichem Lernverhalten aller Beteiligten aus. Tatsächlich ist eine solche Restriktion nicht selbstverständlich. Experimentelle Erfahrung (siehe etwa Cheung und Friedman [22]) zeigt, daß das Lernverhalten unterschiedlicher Teilnehmer durchaus wesentliche Unterschiede aufweist. In diesem Kapitel möchte ich mich nun der Frage widmen, inwiefern solch unterschiedliches Lernverhalten zu erwarten ist, und welche Auswirkungen diese Annahme in Bezug auf das Stabilitätsverhalten der Dynamik haben kann.

Ein Grund für unterschiedliches Lernverhalten kann bereits darin liegen, daß Informationserwerb, etwa um die optimale Handlungsweise in einer Entscheidungssituation zu ermitteln, Kosten verursacht. In diesem Fall kann es unter Umständen sinnvoll sein, nicht selbst diese Information zu erlangen, sondern aus dem Verhalten anderer auf deren Information zu schließen. In reinen (nicht-strategischen) Entscheidungsmodellen kann es so zu einem Informations-Dominoeffekt kommen, in dem lediglich der erste Akteur gemäß seiner erworbenen Information entscheidet, und alle nachfolgenden Akteure dieser Entscheidung folgen. Dieser Effekt hat wegen der scheinbaren Irrationalität solcher Beobachtungen unter dem Begriff 'Herdenverhalten' Eingang im Bereich der Literatur über 'Soziales Lernen' gefunden (siehe etwa Banerjee [8]).

Selbst ohne die Annahme expliziter Kosten können sich strukturell unterschiedliche Verhaltensweisen parallel behaupten, wie etwa Stahl [84] zeigt. Stahl unterstellt, daß es unterschiedliche Niveaus rationalen Handelns gibt. Die niedrigste Stufe verhält sich ignorant, was das Verhalten der Mitspieler betrifft. Jede höhere Stufe rationalen Handelns berücksichtigt hingegen alle Aktivitäten aller Individuen niedrigerer Stufen. So verwendet ein $Stufe_1$ Spieler lediglich mögliche Beste Antworten, gegeben das Verhalten der Stufe_0 Spieler und der Annahme, daß alle anderen Spieler die selbe Überlegung anstellen wie er selbst. Jeder Spieler einer Stufe hat somit Information über alle niedrigeren Stufen, und unterstellt, daß alle anderen Stufen die selbe Information besitzen.

Stahl analysiert ein Modell in dem diese unterschiedlichen Spieler gemäß der diskreten Replikatordynamik ausgewählt werden. Beginnt man mit einer bestimmten Ausgangspopulation, die notwendigerweise lediglich Stufen im obigen Sinne kleiner gleich einer endlichen Größe beinhalten, innerhalb dieser jedoch jedes mögliche Verhalten mit positiver Wahrscheinlichkeit belegen, so kommt man zu den folgenden Ergebnissen.

1. Jede Strategie, welche nicht *rationalisierbar* ist, wird schließlich durch die Dynamik eliminiert.

   Grob gesprochen ist eine Strategie dann rationalisierbar (siehe Bernheim [16]), wenn es konsistente Erwartungen über das Verhalten der Gegenspieler gibt, so daß die Strategie eine Beste Antwort auf diese darstellt. Das Konzept der Rationalisierbarkeit stellt somit eine Verallgemeinerung der iterierten Elimination (strikt) dominierter Strategien dar.

2. Existiert eine eindeutige rationalisierbare Strategie, welche dann selbstversändlich auch identisch mit dem (eindeutigen) Nash-Gleichgewicht ist, so setzt sich diese langfristig in der Dynamik durch.

3. Stufe_0 Spieler werden nicht eliminiert.

   Das bedeutet, daß die niedrigste Stufe rationalen Handelns niemals vollständig eliminiert wird. Stahl formuliert dies treffend: "being right is just as good as being smart." Diese Aussage gilt, obgleich ‘rational’ zu sein keine Kosten verursacht.

4. Die Existenz von (selbst minimalen) Kosten, führt zur Elimination aller höheren Stufen, falls die Dynamik, in Bezug auf die Strategienwahl, konvergiert.

Eine mögliche Interpretation für dieses Ergebnis ist folgende: Kurzfristig mag es durchaus von Vorteil sein, sich intensiv mit einer konkreten Entscheidungssituation, dem Verhalten der Mitspieler und der bestmöglichen Reaktion darauf zu beschäftigen, langfristig wird dieser Vorteil jedoch immer geringer. Verursachen die Überlegungen Kosten, so wird es langfristig nicht sinnvoll sein diese zu tragen. Somit erscheint auch die entgegengesetzte Frage sinnvoll: Ist die Rationalitätsannahme die im Zusammenhang mit der Replikatordynamik unterstellt wird vielleicht ebenso fraglich?

Selbst der Erwerb von Information über den relativen Erfolg einer Strategie, wie er in der Motivation der Replikatordynamik angenommen wird (siehe Abschnitt 4.2), mag Kosten verursachen. Können diese Kosten vermieden werden, indem man beobachtetes Verhalten, unabhängig vom tatsächlichen Erfolg, imitiert, so ergibt sich ein neues Bild.

Ausgangspunkt der Betrachtung sei wiederum ein symmetrisches Zwei-Personen-Normalformspiel mit einer endlichen Anzahl (n) reiner Strategien. Die Auszahlungsstruktur sei durch die Matrix A gegeben.

Es sei unterstellt, daß ein gewisser Anteil der Population diese Information erwirbt (r bezeichne diesen Anteil), während die restlichen Akteure (deren Anteil ($1-r$) beträgt) lediglich beobachtetes Verhalten imitieren. Der Grund hierfür kann sein, daß die Kosten für die Akteure unterschiedlich sind, oder daß sich ein Teil der Bevölkerung grundsätzlich darauf verlässt, vom Lernverhalten der anderen zu profitieren. Eine Gruppe nimmt die Informationskosten auf sich und ist damit einem guten Ergebnis immer einen kleinen Schritt näher, die restliche Bevölkerung nimmt diesen Informationsrückstand in Kauf, vermeidet sie doch die Kosten der Informationsbeschaffung.

Zunächst soll von einem festen Anteil 'informierter' Akteure (r) ausgegangen werden. Imitation im oben formulierten Sinn bedeutet dann in einem evolutionären Modell, daß sich das Verhalten der nachahmenden Individuen dem durchschnittlichen Verhalten der gesamten Bevölkerung annähert. Die Veränderungsrate für den Anteil einer bestimmten reinen Strategie i innerhalb der imitierenden Teilpopulation ist somit dann positiv (negativ/null) wenn der relative Anteil innerhalb der Gruppe kleiner (größer/gleich) als der Anteil in der Gesamtbevölkerung ist, der diese reine Strategie benutzt.

Bezeichnet man den Anteil der nachahmenden Akteuren, der die Strategie i benutzt mit y_i, so gilt:

$$\dot{y}_i = (1-r) \cdot z_i - y_i. \tag{7.1}$$

Die Wachstumsrate der Anteile der Individuen, welche die Information über den relativen Erfolg einer Strategie erwerben und daraufhin die Strategie i wählen ist dagegen genau von der Differenz zwischen dem Erfolg der Strategie und der durchschnittlichen Auszahlung abhängig.

$$\dot{x}_i = x_i \cdot r \cdot ((A \cdot z)_i - x \cdot (A \cdot z)) . \qquad (7.2)$$

Ist $r = 1$, so erhalten wir die ursprüngliche Dynamik, ist $r = 0$ so ergibt sich durch das Verhalten keine neue Information und deshalb kann sich die aktuelle Zusammensetzung der Bevölkerung nicht verändern, jeder Zustand ist somit stationär. Tatsächlich wird sich wohl eine Zwischenlösung einstellen ($0 < r < 1$). Im Gegensatz zu den oben beschriebenen Modellen für Herdenverhalten ist hier somit (vorerst) ausgeschloßen, daß alle Akteure rein imitierendes Verhalten an den Tag legen. Dies macht (zunächst) auch allein deshalb Sinn, da sich im Vergleich zu reinen Entscheidungssituationen die optimale Entscheidung über die Zeit hinweg verändern kann.

Da unterstellt sei, daß sich der Anteil r nicht ändert, reduziert sich das System (7.1) und (7.2) auf ein System von $2 \cdot (n-1)$ Differentialgleichungen.

Dieses verallgemeinerte System weist gewisse Ähnlichkeiten mit der Replikatordynamik auf, was insofern nicht überraschend erscheint, als sich die Gleichungen (7.2) von der Replikatordynamik herleiten, während die Gleichungen (7.1) lediglich, mit einer gewissen Verzögerung, deren Verhalten folgen.

Im folgenden soll nun untersucht werden, inwiefern sich die Ergebnisse der Replikatordynamik auf diese verallgemeinerte Dynamik übertragen lassen.

7.1 Resultate

Weist das ursprüngliche Normalformspiel eine dominierte Strategie auf, so wird diese durch die Replikatordynamik eliminiert (siehe Kapitel 4 Seite 54). Der selben Beweisidee folgend, kann diese Eigenschaft auch auf die Gleichungen (7.2) verallgemeinert werden. Da die Gruppe der Imitatoren letzlich das Verhalten der anderen kopiert, muß eine Strategie, welche von letzteren nicht mehr benutzt wird, auch für erstere langfristig eliminiert werden. Damit tendiert jedoch auch der Anteil aller Spieler, welche diese Strategie verwenden, gegen Null. Dies erlaubt nun wiederum, diese Argumentation auf iteriert strikt dominierte Strategien zu erweitern.

Auch die stationären Zustände der Replikatordynamik finden sich in der verallgemeinerten Dynamik wieder, da die Imitatoren für sich genommen keinen unmittelbaren Einfluß auf die Dynamik ausüben.

Sei $\hat{z}$ ein Fixpunkt der Replikatordynamik, so ist $\hat{x} = r \cdot \hat{z}$ sowie $\hat{y} = (1-r) \cdot \hat{z}$ ein Fixpunkt der verallgemeinerten Dynamik. Sind die relativen Anteile innerhalb der Gruppe von Imitatoren gleich den relativen Anteilen innerhalb der Gruppe der 'Informierten', und befinden sich letztere in einem stationären Zustand der Replikatordynamik, so gibt es keine treibende Kraft diesen Zustand zu verändern.

Aber auch die entgegengesetzte Argumentation ist gültig. Jeder Fixpunkt $(\hat{x}, \hat{y})$ der verallgemeinerten Dynamik hat, wegen Gleichung (7.1), die Eigenschaft $\frac{\hat{x}}{r} = \frac{\hat{y}}{1-r}$ und dies impliziert wegen Gleichung (7.2) einen Fixpunkt der Replikatordynamik ($\hat{z} = \frac{\hat{x}}{r}$). Jedem stationären Zustand der verallgemeinerten Dynamik entspricht genau ein Stationärer Zustand der Replikatordynamik . Damit sind die Fixpunkte der verallgemeinerten Dynamik auch bereits vollständig charakterisiert und entsprechen genau den Fixpunkten der Replikatordynamik.

Angewandt auf Entscheidungssituationen mit jeweils nur zwei reinen Strategien können diese Aussagen noch weiter spezifiziert werden. 2×2 Normalformspiele besitzen entweder eine (schwach) dominierte Strategie, oder ein eindeutiges vollständig gemischtes Gleichgewicht. Da im ersten Fall sowohl die Replikatordynamik als auch die verallgemeinerte Dynamik zum selben Ergebnis, der Elimination der dominierten Strategie, führen[1], können wir uns in der Analyse auf Spiele beschränken, welche ein Gleichgewicht in vollständig gemischten Strategien aufweisen. Da lediglich die relativen Größen der Auszahlung relevant für die Dynamik sind, verändert auch hier die Addition einer Konstanten innerhalb einer Spalte die Struktur des Problems nicht.

Die Entscheidungssituationen weisen somit die Form

$$A = \begin{pmatrix} 0 & a \\ b & 0 \end{pmatrix}$$

mit $(a, b > 0)$ bzw. $(a, b < 0)$ auf. Im ersten Fall besitzt die Replikatordynamik ein global stabiles Gleichgewicht, im zweiten ist das vollständig gemischte Gleichgewicht instabil und jeder Orbit, der nicht im Gleichgewicht startet, strebt gegen eine der beiden reinen Strategien, abhängig vom Ausgangspunkt.

Diese Struktur verallgemeinert sich auch auf die Dynamik mit dem oben

[1] Im Falle von nur zwei reinen Strategien weist auch eine lediglich schwach dominierte Strategie im Inneren des Strategienraumes eine strikt kleinere Auszahlung auf als die Alternative und wird deshalb ebenso wie die strikt dominierte Strategie eliminiert.

definierten heterogenen Lernverhalten, wie die folgenden Abbildungen veranschaulichen.

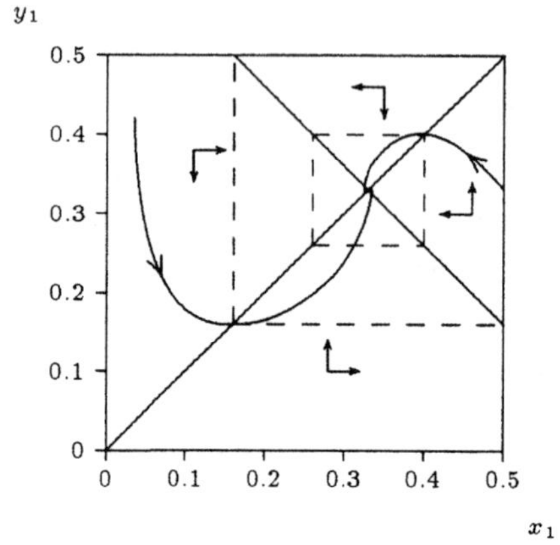

Abbildung 7.1: Phasendiagramm

Abbildung 7.1 zeigt den Fall des stabilen vollständig gemischten Gleichgewichtes, die rechtwinklig angeordneten Pfeilpaare zeigen die Richtung des Anpassungspfades, der also innerhalb des durch die Pfeile gespannten Quartils liegt. Nimmt man ein beliebiges Quadrat mit dem Gleichgewicht als Mittelpunkt, wie etwa eines der beiden durch unterbrochene Linien angedeuteten, so sieht man leicht, daß alle Pfade am Rand dieses Quadrates ins Innere deuten. Da dies für jedes beliebige Quadrat gilt, folgt unmittelbar die Stabilität des gemischten Gleichgewichtes.

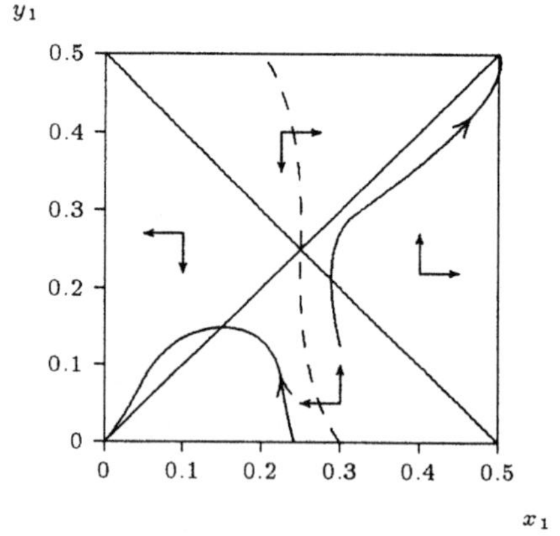

Abbildung 7.2: Phasendiagramm

Ebenso sieht man in Abbildung 7.2, daß alle Pfade, welche rechts der beiden

Diagonalen starten, oder einmal dorthin gelangen, dieses Feld nicht mehr verlassen und schließlich zum Gleichgewicht rechts oben streben. Es gibt somit Ausgangspunkte beliebig nahe am gemischten Gleichgewicht, deren Pfade niemals zum gemischten Gleichgewicht zurückkommen, sondern sich davon entfernen. Das gemischte Gleichgewicht ist somit instabil. Tatsächlich handelt es sich dabei um einen Sattelpunkt, die unterbrochene Kurve stellt den einzigen Pfad dar, der zum Gleichgewicht führt[2].

Langfristig setzt sich somit, ebenso wie in der Dynamik mit ausschließlich (evolutionär) optimierenden Agenten, auch mit reinen Nachahmern ein zumindest lokal effizientes Gleichgewicht durch, falls nur ein positiver (unter Umständen sehr kleiner) Anteil an Optimierern existiert.

Es stellt sich aber die Frage, ob sich dieses Ergebnis auch auf allgemeinere Entscheidungsprobleme erweitern lässt. Falls sich das Problem durch iterierte Elimination strikt dominierter Strategien lösen lässt, kann diese Frage positiv beantwortet werden. Allgemein gilt dies jedoch nicht, wie das folgende Beispiel zeigt.

7.2 Wettstreit

Ein Wettstreit um ein unteilbares Objekt ist dadurch gekennzeichnet, daß alle Teilnehmer ihren Beitrag unwiederbringlich leisten, unabhängig vom Erfolg. Ökonomische Situationen, die einen Wettstreit darstellen, sind etwa Forschungsinvestitionen zur Erlangung eines Patentes. Insgesamt zählen dazu auch all jene Aktivitäten die unter dem Überbegriff 'rent seeking' in der Literatur zusammengefasst werden. Häufig weist ein solcher Wettstreit kein Gleichgewicht in reinen Strategien auf. Zur Erläuterung soll eine vereinfachte Form eines solchen Wettstreits dienen:

Zwei Personen treten in Wettstreit um ein unteilbares Objekt. Die Bewertung für dieses Objekt sei bekannt und für die beiden Teilnehmer identisch $V_1 = V_2 = V = 3$. *Beide müssen unabhängig voneinander ihr Gebot abgeben, das zunächst in jedem Falle verloren ist. Der Teilnehmer, der das höhere Gebot abgegeben hat, erhält jedoch das Objekt. Haben beide das selbe höchste Gebot abgegeben, so wird zufällig ermittelt, wer der Gewinner ist, wobei beide Teilnehmer die gleiche Gewinnwahrscheinlichkeit haben. Zulässig seien nur*

[2] Formal sieht man dies daran, daß die Jacobimatrix am inneren Fixpunkt ein negatives Vorzeichen aufweist, und damit einen positiven und einen negativen reellen Eigenwert. Die exakte Ausführung findet sich im Appendix.

ganzzahlige Gebote $S_i = \{0, 1, 2\}$. *Unter der Annahme, daß beide Teilnehmer risikoneutral sind, ergibt sich folgende Auszahlungsstruktur*

		BIETER 2		
		$s_2 = 0$	$s_2 = 1$	$s_2 = 2$
	$s_1 = 0$	$\frac{3}{2}$, $\frac{3}{2}$	*0*, *2*	*0*, *1*
BIETER 1	$s_1 = 1$	*2*, *0*	$\frac{1}{2}$, $\frac{1}{2}$	*-1*, *1*
	$s_1 = 2$	*1*, *0*	*1*, *-1*	$-\frac{1}{2}$, $-\frac{1}{2}$

Die Auszahlungsmatrix für den Zeilenspieler ergibt sich somit als

$$A = \begin{pmatrix} \frac{3}{2} & 0 & 0 \\ 2 & \frac{1}{2} & -1 \\ 1 & 1 & -\frac{1}{2} \end{pmatrix}. \tag{7.3}$$

Durch Multiplikation aller Auszahlungen mit 2 und Subtraktion des Diagonalelements in jeder Spalte ergibt sich eine zyklisch symmetrische Auszahlungsstruktur.

$$A = \begin{pmatrix} 0 & -1 & 1 \\ 1 & 0 & -1 \\ -1 & 1 & 0 \end{pmatrix}. \tag{7.4}$$

Im Falle einer allgemeinen monotonen Nutzenfunktion verändert sich diese Auszahlungsstruktur zu

$$A = \begin{pmatrix} 0 & -\epsilon_2 & k_3 \\ k_1 & 0 & -\epsilon_3 \\ -\epsilon_1 & k_2 & 0 \end{pmatrix}, \tag{7.5}$$

wobei $k_i, \epsilon_i > 0$ gelte. Durch die zyklische Auszahlungsstruktur kann es kein Gleichgewicht in reinen Strategien geben. Verwendet der Spaltenspieler eine bestimmte reine Strategie, so hat der Zeilenspieler einen Anreiz, die jeweils nachfolgende Strategie zu verwenden. Es existiert allerdings immer ein (eindeutiges) Gleichgewicht in gemischten Strategien, im ersten Fall (7.3) bzw. (7.4) ist es das symmetrische Gleichgewicht $s* = (\frac{1}{3}, \frac{1}{3}, \frac{1}{3})$.

In Bezug auf die Replikatordynamik ist dieser Fixpunkt genau dann stabil, wenn die Determinante der reduzierten Auszahlungsmatrix ($\det A$) positiv ist (siehe Anhang 9.2), d.h. wenn die Akteure risikofreudig sind.

Falls die Personen risikoneutral sind (7.3), so gilt ($\det A = 0$) und es ergibt sich kein asymptotisch stabiles Gleichgewicht, alle Pfade sind geschlossene Bahnen um den Fixpunkt. Somit ergibt sich eine periodische Struktur in Bezug auf die Anteile der einzelnen Strategien. Das Zeitmittel der Strategien konvergiert jedoch auch hier gegen das gemischte Gleichgewicht.

Sind die Agenten risikoavers, was bedeutet daß sie potentielle Gewinne relativ geringer bewerten als Verluste, womit die positiven Einträge (k_i) relativ kleiner als die negativen Einträge (ϵ_i) erscheinen, ist $\det A < 0$, und der innere Fixpunkt instabil.

Um zu prüfen, ob die Dynamik mit heterogenem Lernverhalten die selben Stabilitätseigenschaften aufweist, dient die Analyse der Jacobimatrix am Fixpunkt (siehe Appendix 9.2). Diese stellt gewissermaßen eine lineare Approximation der Dynamik dar.

Es stellt sich heraus, daß Instabilität eines inneren Fixpunktes eine robuste Eigenschaft ist, während die Stabilität eines inneren Fixpunktes durch das Vorhandensein von Imitatoren grundsätzlich beeinträchtigt wird. Dies gilt, obgleich die Veränderung im Vergleich zur Replikatordynamik lediglich in einer Verzögerung des Anpassungsprozesses bei einem (kleinen) Teil der Bevölkerung besteht. Der Effekt, daß sich ein stabiler Fixpunkt in einen instabilen wandelt, tritt umso schneller auf je schwächer die Anziehungskraft des Fixpunktes (gemessen durch den größten Eigenwert der Jacobimatrix) war. Im Extremfall (z.B. in obigem Beispiel mit risikoneutralen Teilnehmern) werden aus den beschriebenen periodischen Pfaden Pfade mit wachsender Amplitude, welche sich schließlich dem Rand annähern, und zwar gleichgültig wie klein der Anteil reiner Imitatoren auch ist.

Heterogenes adaptives Verhalten kann somit durchaus die Stabilität beeinträchtigen. So kann unter Umständen ein bezüglich der Replikatordynamik stabiles Gleichgewicht instabil werden.

7.3 Imitation als strategisches Phänomen

Bislang hatten wir unterstellt, der Anteil der Bevölkerung, welcher seine Strategienwahl durch reine Imitation bestimmt, sei exogen vorgegeben. Tatsächlich ist jedoch nicht auszuschließen, daß sich dieser Anteil durch die Struktur des Problems ergibt und sich im zeitlichen Ablauf auch durchaus ändern kann, es sich dabei also um eine strategische Komponente handelt.

Unterstellen wir, daß optimierendes Verhalten fixe Kosten verursacht, während rein imitierendes Verhalten kostenlos sei. Der komparative Vorteil optimierenden Verhaltens ergibt sich offensichtlich allein aus der Tatsache, daß man dadurch in einer sich ändernden Umgebung früher ein günstigeres Ergebnis erzielen kann. Daraus folgt aber unmittelbar, daß in einer Situation, in der sich die Population insgesamt nahe an einem Gleichgewicht befindet, dieser Vorteil gering ausfällt, oder sogar verschwindet. Berücksichtigt man diesen Anreiz, so wird in der Nähe jedes gemischten Gleichgewichtes der Anteil an Imitatoren anwachsen und schließlich gegen 1 streben. Damit ergibt sich jedoch unmittelbar aus obiger Analyse, daß die Pfade dieses Gleichgewicht nicht erreichen werden, sofern das gemischte Gleichgewicht sich nicht als besonders stabil erweist. Insbesondere evolutionär stabile Strategien erweisen sich allerdings in diesem Zusammenhang als robust. Sind die Kosten der Optimierung nicht zu groß, wird anschließend der Anteil optimierender Individuen wieder zunehmen. Langfristig wird sich somit vermutlich ein stabiler Zyklus um das (spieltheoretische) Gleichgewicht einstellen, der einen Ausgleich zwischen den Kosten der Optimierung und dem Vorteil der schnelleren Anpassung ermöglicht.

Kapitel 8

Zusammenfassung

Ziel dieser Arbeit war es, die Ursprünge und Methoden evolutionärer Modelle darzustellen, sowie deren Möglichkeiten zur Analyse eingeschränkt rationalen Handelns in strategischen Entscheidungsmodellen aufzuzeigen. Dabei hat sich gezeigt, daß in weiten Bereichen die Analyse rationalen Verhaltens, wie sie etwa durch die Nicht-Kooperative Spieltheorie formuliert wird, auch in einem Ansatz bestätigt wird, welcher auf Rationalitätsanforderungen fast ganz verzichtet. Lediglich die Annahme, daß Individuen der selben (oder ähnlichen) Entscheidungssituationen wiederholt ausgesetzt sind und/oder Aktivitäten und Erfolg anderer beobachten, sowie ein 'objektiver' Vergleich der Erfolgskriterien und ein darauf basierendes adaptives Verhalten müssen vorausgesetzt werden.

Evolutionäre Ansätze liefern langfristig in der Regel Ergebnisse, die mit den Resultaten der Analyse perfekt rationalen Verhaltens übereinstimmen. So stellen stabile Zustände einer solchen Dynamik auch spieltheoretisch Gleichgewichte dar. Selbst in Situationen, in welchen die Dynamik nicht konvergiert, stimmt das Zeitmittel der Beobachtungen häufig gerade mit dem prognostizierten Ergebnis 'rationalen' Verhaltens überein.

Deshalb erstaunt es nicht, daß auch die Anwendung adaptiver Modelle nicht notwendigerweise zu (gesellschaftlich) effizienten Ergebnissen führt, wie in dieser Arbeit anhand des 'Gefangenendilemmas' gezeigt wurde.

Eine weitere Problematik, welche im Zusammenhang mit der Analyse perfekt rationalen Verhaltens in strategischen Entscheidungssituationen auftritt, ist die der (Nicht-) Eindeutigkeit des Gleichgewichts und damit die Unmöglichkeit einer exakten Prognose für das individuelle Vehalten. Im evolutionären Rahmen wurde, gerechtfertigt durch die 'große Zahl' an beteiligten Akteuren, ein deterministischer Adaptionsprozess formuliert. Dieser liefert, unter gewissen Annahmen an die Regularität des Systems, eine eindeutige Lösung der Dynamik (des Systems von Differentialgleichungen), einen bestimmten Anpassungspfad. Dies kann jedoch nicht als Eindeutigkeit der Prognose interpretiert werden. Abhängig von den Ausgangsbedingungen wird die evolutionäre Betrachtung unter Umständen unterschiedliche Ergebnisse erzielen und somit kann nicht notwendigerweise für eine konkrete Entscheidungssituation auch ein eindeutiges Verhalten prognostiziert werden. Allerdings löst die Dynamik, jedenfalls dann, wenn die Anpassungsfade konvergieren, das Auswahlproblem, und rechtfertigt so ex post die gewählten Entscheidungen.

Eine weitere Restriktion der spieltheoretischen Analyse wird darin gesehen, daß sie von einem festen Rahmen, einem (Normalform-)Spiel, ausgeht. Die meisten evolutionären Modelle folgen diesem Ansatz. Im Gegensatz zur Betrachtung perfekt rationalen Verhaltens setzten evolutionäre Ansätze jedoch nicht voraus, daß alle Teilnehmer den gesamten Kontext dieser Entscheidungssituation vollständig berücksichtigen. Dieser 'Spielrahmen' muß außerdem im evolutionären Kontext nicht notwendigerweise exogen bleiben, wie die vorliegende Arbeit aufzeigt.

Am Beispiel des *Gefangenendilemmas*, welches die Grundproblematik von Kooperation in strategischen Entscheidungssituationen modelliert, wurde gezeigt, daß ein institutioneller Rahmen die Ineffizienz, welche in der spieltheoretischen Analyse unvermeidbar scheint, reduzieren kann (Abschnitt 5). Ein solcher kann etwa erreicht werden, indem eine von strategischen Aspekten unabhängige Alternative und Information über den potentiellen Gegenspieler gesichert wird. Dies ermöglicht 'Kooperation' selbst in Situationen, in denen die nicht-kooperative Analyse dies nicht erwarten lässt, ohne auf explizite Sanktionen zurückgreifen zu müssen.

Aus spieltheoretischer Sicht stellt eine solche Veränderung der strategischen Möglichkeiten ein neues Spiel dar. Es handelt sich hier nicht mehr einfach um eine wiederkehrende Interaktion, da durch die Informationsannahme und die Trägheit des Verhaltens der einzelnen Individuen explizit eine intertemporale Verbindung zwischen den einzelnen Entscheidungssituationen geknüpft wurde. Die Kritik, daß jede Entscheidungssituation so verändert werden kann, daß jedes beliebige Ergebnis erzielbar ist, trifft jedoch hier nicht zu. Reale Entscheidungen sind wesentlich komplexer, als die korrespondierenden Modelle. Die meisten strategischen Entscheidungsprobleme sind zudem so komplex, daß die Akteure selbst jeweils nur einen Teil aller möglichen Aktionen und Reaktionen ins Kalkül einbeziehen. Jede Vereinfachung des Modells kann in Bezug auf die spieltheoretische Analyse problematisch sein, wenn durch die eingeschränkte Betrachtung die strategischen Möglichkeiten verändert werden. Dies ist selbst dann möglich, wenn keiner der Teilnehmer ein Interesse hat diese Strategien (im Gleichgewicht) zu benutzen, z.B. wenn sich dadurch Drohpotentiale ergeben (siehe etwa Abschnitt 5.2, Seite 88). Der Spieltheoretiker muß sich somit die Frage stellen, welche Vereinfachung der Entscheidungssituation zulässig ist, ohne das Ergebnis wesentlich zu beeinflussen. In einer evolutionären Betrachtung sind solche Vereinfachungen weniger problematisch, da im Gegensatz zur Analyse perfekt rationalen Verhaltens hier nicht vorausgesetzt wird, daß alle Akteure jederzeit alle möglichen Aktivitäten in ihr Entscheidungskalkül miteinbeziehen. Voraussetzung ist lediglich, daß erfolgreiches Verhalten mehr oder weniger schnell diffundieren kann. Deshalb sind endogene Erweiterungen in der Modellierung grundsätzlich zulässig und können in einem evolutionären Ansatz leicht formuliert werden.

Wie schnell der Diffusionsprozess wirken muß, um die angesprochenen Auswirkungen sicher zu stellen hängt dabei sehr entscheidend davon ab, wie schnell sich die Struktur des Entscheidungsproblems verändert. In den hier formulierten Modellen war eine solche Veränderung noch gar nicht berücksichtigt worden. Tatsächlich findet sie jedoch in Alltagsentscheidungen selbstverständlich statt. Das Ausmaß der Veränderungen beeinflusst verständlicherweise den Analyserahmen, z.B. ob (wie etwa in Abschnitt 6) das Lernen zwischen Generationen stattfindet, oder wie etwa in Experimenten von Runde zu Runde. Im letzteren Fall ist die Annahme einheitlichen Lernverhaltens wohl nur noch schwer zu rechtfertigen. Dies zeigen etwa Cheung und Friedman [22] in einer experimentellen Studie zum Lernverhalten.

Modelliert man jedoch die einzelnen Akteure nicht homogen mit identischen Lernregeln, sondern lässt unterschiedliche Formen mehr oder weniger rationalen Verhaltens zu, so ändern sich die Ergebnisse in einer möglicherweise entscheidenden Weise. Alleine die Einführung weniger, perfekt rationaler Individuen, welche jederzeit die beste Entscheidung in Abhängigkeit ihres Gegenspielers wählen, kann die Analyse wesentlich beeinflussen (siehe Abschnitt 4.8.2). Das Ergebnis ist nicht notwendigerweise näher an der Modellierung perfekt rationalen Verhaltens, wie das dort beschriebene Beispiel zeigt. Weder setzen sich die perfekt rationalen Akteure durch, noch kann sichergestellt werden, daß 'irrationales Verhalten', beschrieben durch eine strikt dominierte Strategie, eliminiert wird.

Aber auch der entgegengesetzte Ansatz, die Einführung rein nachahmenden Verhaltens ohne Erfolgskontrolle, das in reinen (nicht-strategischen) Entscheidungssituationen als 'soziales Lernen' oder 'Herdenverhalten' rational erklärt wurde (siehe etwa Banerjee [8]), kann die Dynamik langfristig beeinflussen. So wurde in Abschnitt 7 gezeigt, daß dieser Ansatz in strategischen Entscheidungssituationen nicht nur die Konvergenz zum Gleichgewicht zu verlangsamen, sondern die Stabilität eines Gleichgewichts als solche zu stören vermag. Dies gilt selbst in Situationen, in denen, im Gegensatz zu den Modellen 'sozialen Lernens', beständig ein fester (möglicherweise sehr großer) Anteil der Population, unabhängig von den Kosten optimierenden Verhaltens, in Information investiert, um die jeweils vorteilhaftere Entscheidung zu treffen.

In dieser Arbeit wurde in erster Linie eine konkrete Dynamik, die Replikatordynamik, angewandt. Ein wesentlicher Teil der Ergebnisse kann jedoch auf die große Klasse *aggregiert monotoner* Dynamiken verallgemeinert werden. Die Auswirkungen heterogenen Lernverhaltens hingegen sind bislang vernachlässigt worden und verdienen sicherlich eine noch eingehendere Betrachtung.

Zusammenfassend kann festgestellt werden, daß die Rationalitätsvoraussetzungen in der spieltheoretischen Analyse in weiten Teilen gerechtfertigt werden können. Auch wenn Individuen sich in erster Linie scheinbar myopisch verhalten und sich durch Erfahrung und Beobachtung mehr leiten lassen als durch die rationale Analyse der strategischen Entscheidungssituation, stellt sich dennoch heraus, daß sie sich in der Regel so verhalten, wie perfekt rationale Individuen, vorausgestzt sie haben ausreichend Gelegenheit, die notwendige Erfahrung zu sammeln (zu lernen).

Dennoch finden sich auch Beispiele, welche dieser Aussage scheinbar widersprechen. Ein Grund hierfür kann in der Reduzierung des Entscheidungsproblems liegen. Eine scheinbar unwesentliche Veränderung des Entscheidungsproblems kann die spieltheoretische Analyse wesentlich verändern. Verhaltensweisen, welche im Gleichgewicht möglicherweise nicht einmal in Erwägung gezogen werden, können für die spieltheoretische Analyse notwendig sein und ihre Elimination kann entscheidenden Einfluß auf das Gleichgewicht haben. Die evolutionäre Analyse besitzt hier einen prinzipiellen Vorteil. Ihre Rationalitätsanforderungen erlauben die Analyse von Partialmodellen, ohne sich auf diese letztlich beschränken zu müssen. Sie ist somit flexibler als der spieltheoretische Ansatz, und ermöglicht auf relativ einfache Weise die Modellstruktur zu endogenisieren.

So gesehen ist die evolutionäre Analyse ein eigenständiges Instrument zur

Beschreibung strategischer Entscheidungssituationen und geht über die reine Rechtfertigung der spieltheoretischen Analyse sowie die Bestimmung von Kriterien zur Gleichgewichtsauswahl deutlich hinaus. Damit ist sie für Veränderungen gewissermaßen immanent offen. Dies zeigt aber gleichzeitig auch ihre Grenzen auf. Die relativ bedächtige Dynamik erfordert einen relativ langen Zeitraum an Erfahrung sowie die Vergleichbarkeit von 'Erfolg'. Dies bedeutet,daß die Entscheidungssituation über einen längeren Zeitraum wiederkehrt. Für viele Aspekte alltäglicher Entscheidungen trifft dies sicherlich zu. In einer kurzlebigen Welt, die beständigen Veränderungen unterworfen ist, stellt sich jedoch die Frage, inwiefern unveränderliche Muster solcher strategischer Entscheidungen bestehen bleiben und für das Individuum erkennbar sind. Dieser Bereich stellt sicherlich eine große Herausforderung dar, der die Verbindung von Theorie und Empiriebefruchten könnte, wobei Experimente auf der einen, evolutionäre Ansätze auf der anderen Seite als Zwischenglied eine entscheidende Rolle spielen mögen.

Kapitel 9

Anhang

Die Intention dieses Kapitels ist, ausgewählte mathematische Analysemethoden, welche in dieser Arbeit eingesetzt wurden darzustellen. Für die mathematischen Grundlagen, etwa in Bezug auf die Eigenschaften von Differentialgleichungen, sei der Leser auf die einschlägige Literatur verwiesen.

9.1 Lineare Differentialgleichungen

Ein hilfreiches Mittel, die Stabilitätseigenschaften des Fixpunktes einer Dynamik zu ermitteln, besteht darin sie durch ein System von linearen Differentialgleichungen zu approximieren. Für letztere kann eine exakte Lösung ermittelt werden.

Sei B eine $n \times n$ Matrix und

$$\dot{x} = B \cdot x \tag{9.1}$$

ein System von linearen Differentialgleichungen, so ist $x = (0, \ldots, 0)$ ein Fixpunkt der Dynamik. Die Komponenten der Lösung der Differentialgleichung

$$x(t) = x(0)e^{At}$$

bestehen aus einer Linearkombination von Exponentialfunktionen, deren Exponenten durch die Eigenwerte der Matrix B bestimmt sind. Die Eigenwerte der Matrix B sind die Nullstellen des charakteristischen Polynoms

$$\phi(\lambda) = \det(B - \lambda \cdot I)$$

wobei I die Identitätsmatrix ($i_{kk} = 1, i_{kl} = 0 \ k \neq l$) bezeichnet. Das charakteristische Polynom ist eine Polynom n-ten Grades der Unbekannten λ, und besitzt deshalb n (nicht notwendigerweise unterschiedliche) Lösungen, reelle Zahlen oder Paare von konjugiert komplexen Zahlen ($\lambda_1, \ldots, \lambda_n$).

Die Komponenten der Lösungen der Differentialgleichung 9.1 ($x_i(t)$) sind dann von der Form

(i) $e^{\lambda t}$ falls λ reell,

(ii) $e^{at} \cdot \cos bt$, $e^{at} \cdot \sin bt$ falls $\lambda = a + i \cdot b$ ein komplexer Eigenwert und

(iii) $t^j \cdot e^{\lambda t}$ mit $0 \leq j < m$ falls λ mit der Vielfachheit m als Eigenwert auftritt.

Komplexe Eigenwerte induzieren somit eine Schwingung um den Fixpunkt, deren Amplitude nur dann abnimmt, wenn der Realteil (a) negativ ist. Damit kann man die Fixpunkte grob in drei Klassen einteilen.

a) Sind alle Eigenwerte, bzw. die Realteile komplexer Eigenwerte, negativ, so streben alle Orbits zum Fixpunkt 0. Einen solchen Fixpunkt bezeichnet man auch als *Senke.*

b) Sind alle Eigenwerte (bzw. deren Realteile) positiv, so heißt der Fixpunkt eine *Quelle.*

c) Sind manche Eigenwerte positiv, andere negativ (aber keiner identisch 0), so spricht man von einem Sattelpunkt.

Ein Sattelpunkt ist zwar nicht stabil, die entsprechende Dynamik besitzt jedoch Pfade, entlang denen Orbits zum Fixpunkt streben. Ist kein Eigenwert identisch 0, so spricht man von einem hyperbolischen Fixpunkt. Ein solcher ist strukturell stabil, leichte Störungen der Dynamik haben keinen substantiellen Einfluß auf die Dynamik.

9.2 Linearisierung

Die in dieser Arbeit untersuchten Differentialgleichungen waren jedoch nicht linear. Insbesondere die Replikatordynamik lässt sich nicht exakt lösen. Man kann sie jedoch in jedem Punkt approximieren. Sei

$$\dot{x} = f(x) \tag{9.2}$$

eine n-dimensionale Differentialgleichung. Ist z kein Fixpunkt, so kann die Dynamik approximativ in der Nähe des Punktes z durch einen konstanten Fluß mit der Richtung $f(z)$ darstellen. In der Nähe eines Fixpunktes z ($f(z) \equiv 0$) ist dies nicht möglich. Entwickelt man jedoch die Funktion f um den Punkt z in eine *Taylorreihe* und bricht nach dem linearen Term ab, so erhält man approximativ eine lineare Differentialgleichung. Die zugehörige Matrix, die *Jacobimatrix*, enthält somit die partiellen Ableitungen erster Ordnung der bestimmenden Funktion f:

$$J = \begin{bmatrix} \frac{\partial f_1}{\partial x_1}(z) & \cdots & \frac{\partial f_1}{\partial x_n}(z) \\ \cdot & & \cdot \\ \cdot & & \cdot \\ \cdot & & \cdot \\ \frac{\partial f_n}{\partial x_1}(z) & \cdots & \frac{\partial f_n}{\partial x_n}(z) \end{bmatrix}$$

die Linearisierung um den Fixpunkt z lautet

$$\dot{y} = J \cdot y.$$

Die Stabilitätseigenschaften des Fixpunktes lassen sich somit durch die Eigenwerte der Jacobimatrix charakterisieren. Dies soll hier am Beispiel der Replikatordynamik mit zugehöriger 3×3 Matrix A veranschaulicht werden.

Sei

$$\dot{x}_i = x_i((Ax)_i - x \cdot Ax) \quad i = 1, 2, 3 \tag{9.3}$$

die Replikatordynamik zur Auszahlungsmatrix $A = (a_{ij})_{i,j=1}^3$. Ohne Beschränkung der Allgemeinheit können wir annehmen, die Diagonalelemente seien auf 0 normiert ($a_{ii} = 0,\ i = 1, 2, 3$). Unterstellen wir weiter, die Dynamik habe einen (eindeutigen) inneren Fixpunkt z. So ergibt sich die Jacobimatrix am inneren Fixpunkt durch

$$\frac{\partial f_i}{\partial x_j}(z) = z_i(a_{ij} - \sum_k (a_{jk} z_k + z_k a_{kj})).$$

Die Jacobimatrix besitzt drei Eigenwerte. Da wir jedoch nur an der Dynamik eingeschränkt auf den Simplex ($\sum_i x_i = 1$) interessiert sind, können wir den

Eigenwert zum orthogonalen Eigenvektor $(1,1,1)$, gegeben durch $-z \cdot Az$, ignorieren.

Zwei grundsätzliche Resultate in Bezug auf die Eigenwerte einer Matrix helfen, die beiden verbleibenden Eigenwerte leicht zu ermitteln.

Lemma 9.1 *Die Summe der Eigenwerte einer Matrix B ist identisch der Spur der Matrix.*

$$\sum_i \lambda_i = \sum_i b_{ii}$$

Das Produkt der Eigenwerte einer Matrix ist identisch der Determinante der Matrix.

$$\prod_i \lambda_i = \det B$$

Betrachten wir zunächst die in Abschnitt 7.2 betrachtete Matrix in der zyklisch symmetrischen Variante

$$A = \begin{pmatrix} 0 & -\epsilon & k \\ k & 0 & -\epsilon \\ -\epsilon & k & 0 \end{pmatrix}.$$

Der innere Fixpunkt ist damit $z = (\frac{1}{3}, \frac{1}{3}, \frac{1}{3})$ und die Jacobimatrix lautet

$$J = \frac{1}{9} \begin{pmatrix} -2(k-\epsilon) & -3\epsilon - 2(k-\epsilon) & 3k - 2(k-\epsilon) \\ -3\epsilon - 2(k-\epsilon) & 3k - 2(k-\epsilon) & -2(k-\epsilon) \\ 3k - 2(k-\epsilon) & -2(k-\epsilon) & -3\epsilon - 2(k-\epsilon) \end{pmatrix}$$

Spur und Determinante der Jacobimatrix am inneren Fixpunkt ergeben sich als

$$\text{Spur} J = -\frac{2}{3}(k-\epsilon) \qquad \det J = -\frac{1}{3^3}(k^3 - \epsilon^3).$$

Die durchschnittliche Fitness am inneren Fixpunkt ist $zAz = \frac{1}{3}(k-\epsilon)$ Die beiden Eigenwerte ergeben sich somit aus

$$\lambda_1 + \lambda_2 = -\frac{1}{3}(k-\epsilon) \tag{9.4}$$

$$\lambda_1 \cdot \lambda_2 = \frac{1}{3^2} \frac{(k^3 - \epsilon^3)}{k-\epsilon} \tag{9.5}$$

$$\lambda = -\frac{k-\epsilon}{6} \pm \frac{1}{2\sqrt{3}} i(k+\epsilon).$$

Im allgemeinen Fall ergibt sich die Spur der Jacobimatrix am inneren Fixpunkt als

$$\mathrm{Spur} J = \sum_i z_i a_{ii} - 2 \cdot zAz = -2 \cdot zAz$$

da annahmegemäß die Diagonalelemente der Matrix A auf 0 normiert wurden.

Die Determinante der Jacobimatrix lautet

$$\det J = \prod z_k \cdot (\det A - 2 \cdot zAz \cdot \sum_j \det A_j),$$

wobei sich A_j aus der Matrix A ergibt, indem die Eintragungen der Spalte j durch 1 ersetzt werden. Gemeinsam mit

$$z_i = \frac{\det A_i}{\sum_j \det A_j} \quad \text{und} \quad zAz = \frac{\det A}{\sum_j \det A_j} \tag{9.6}$$

erhält man

$$\lambda_1 + \lambda_2 = -zAz \tag{9.7}$$

$$\lambda_1 \cdot \lambda_2 = \frac{\prod z_j \cdot \det A}{zAz}. \tag{9.8}$$

Gleichung (9.7) zeigt, daß ein asymptotisch stabiler Fixpunkt (alle Eigenwerte haben einen negativen Realteil) eine positive durchschnittliche Auszahlung im Fixpunkt erfordern. Gleichung (9.8) impliziert, daß die Eigenschaften $\det A > 0$ und $zAz > 0$ notwendig und hinreichend hierfür sind. Im Falle eines 3×3-Normalformspiels mit normierter Auszahlungsfunktion sind diese beiden Bedingungen jedoch äquivalent, sofern ein eindeutiger innerer Fixpunkt existiert[1].

9.3 Ljapunov-Funktion

Grundsätzlich ist es wünschenswert, nicht nur lokale Aussagen über das Verhalten einer Dynamik zu treffen, sondern die gesamte Entwicklung zu beschreiben. Wie bereits erwähnt lässt sich die Replikatordynamik nicht in geschlossener Form lösen. In manchen Situationen, insbesondere wenn eine vollständig gemischte evolutionär stabile Strategie existiert, lässt sich jedoch der *Satz von Ljapunov* anwenden (siehe etwa Hirsh und Smale [47]).

[1] Die Beweisidee kann auch auf höherdimensionale Systeme verallgemeinert werden, und geht zurück auf Amann [1]

Theorem 9.1 *Ist z ein Fixpunkt der Dynamik $\dot{x} = f(x)$, definiert auf $W \in IR^n$, und gibt es einestetigdifferenzierbareFunktionV : $W \to IR$ mit folgenden Eigenschaften:*

(i) $V(z) = 0$ und $V(x) > 0$ wenn $x \neq z$;

(ii) $\dot{V}(x) < 0$ für alle $x \neq z$.

Dann gilt: Der Fixpunkt z ist global stabil.

Ist z vollständig gemischt und evolutionär stabil, so ist die Funktion

$$V_(y) = \sum_i z_i \log\left(\frac{z_i}{y_i}\right)$$

eine solche *Ljapunovfunktion* (siehe Abschnitt 4.5).

9.4 Hyperzyklus

Hat die Matrix A folgende Gestalt ($k_i > 0$), so spricht man von einem Hyperzyklus:

$$A = \begin{pmatrix} 0 & 0 & 0 & k_4 \\ k_1 & 0 & 0 & 0 \\ 0 & k_2 & 0 & 0 \\ 0 & 0 & k_3 & 0 \end{pmatrix}$$

Das eindeutige (vollständig gemischte) Nash Gleichgewicht $z = (\frac{c}{k_1}, \frac{c}{k_2}, \frac{c}{k_3}, \frac{c}{k_4})$, wobei $c = \dfrac{1}{\sum 1/k_1}$, ist global stabil in Bezug auf die Replikatordynamik , aber keine evolutionär stabile Strategie, wie die folgende Ausführung zeigt.

Ohne Beschränkung der Allgemeinheit sei $k_2 k_4 \leq k_1 k_3$ (sonst numeriere ich die Strategien neu: $(1,2,3,4) \to (2,3,4,1)$). Da z ein vollständig gemischtes Gleichgewicht darstellt, erzielen alle reinen, und damit auch alle gemischten Strategien die selbe Auszahlung im Gleichgewicht

$$yAz = zAz \qquad \text{für alle } y \in \Delta^4.$$

Somit muß lediglich eine (gemischte) Strategie gefunden werden, welche die Stablitätsbedingung

"Ist $y \neq z$ und $y \cdot Az = z \cdot Az$, dann gilt $y \cdot Ay < z \cdot Ay$"

verletzt. Eine solche ist aber durch $y = (k_2/(k_2 + k_3), k_3/(k_2 + k_3), 0, 0)$ gegeben, da gilt

$$yAy = \frac{k_1 k_2 k_3}{(k_2+k_3)^2} \geq \frac{k_1+k_2}{(k_2+k_3)} \cdot \frac{1}{\sum 1/k_1} = zAy.$$

9.5 Wettstreit

Sei $f_i = \dot{x}_i$ und $g_i = \dot{y}_i$ so ergeben sich die Eintragungen der Jacobimatrix als

$$\left.\frac{\partial f_i}{\partial x_j}\right|_{(\hat{x},\hat{y})} = \hat{x}_i \left((a_{ij} - a_{in}) - \frac{1}{r} \cdot \sum_l \hat{x}_l (a_{lj} - a_{ln}) \right) = \left.\frac{\partial f_i}{\partial y_j}\right|_{(\hat{x},\hat{y})} \quad (9.9)$$

$$\left.\frac{\partial g_i}{\partial x_j}\right|_{(\hat{x},\hat{y})} = (1-r) \cdot \delta_{ij} \qquad \left.\frac{\partial g_i}{\partial y_j}\right|_{(\hat{x},\hat{y})} = -r \cdot \delta_{ij} \quad (9.10)$$

wobei $x_3 = r - x_1 - x_2$ $y_3 = (1-r) - y_1 - y_2$ substituiert worden sind.

Berücksichtigt man die Tatsache, daß der Fixpunkt durch $\hat{x} = r \cdot \hat{z}$ sowie $\hat{y} = (1-r) \cdot \hat{z}$ bestimmt ist, und teilt man alle Eintragungen durch den Faktor r^2 so ergibt sich folgende Struktur der Jacobimatrix, wobei j_{ij} für die Elemente der zugehörigen Jacobimatrix J der Replikatorgleichung stehe:

$$\begin{pmatrix} j_{11} & j_{12} & j_{11} & j_{12} \\ j_{21} & j_{22} & j_{21} & j_{22} \\ \frac{1-r}{r} & 0 & -1 & 0 \\ 0 & \frac{1-r}{r} & 0 & -1 \end{pmatrix}$$

Damit ergibt sich das folgende charakteristische Polynom:

$$\phi(\lambda, r) = \left(\frac{1-r}{r}\right)^2 \cdot \det J + (1+\lambda) \cdot \frac{1-r}{r} \cdot (2 \cdot \det J - \lambda(\operatorname{spur} J) + (1+\lambda)^2 \cdot \det J = 0$$

Es ist unmittelbar einsichtig, daß für $r = 1$ die ersten beiden Terme verschwinden und sich im wesentlichen das alte charakteristische Polynom ergibt und

[2]Dies beeinflußt lediglich den Betrag der Eigenwerte, nicht aber deren Vorzeichen.

damit die Eigenwerte der Jacobimatrix J durch den doppelten Eigenwert -1 ergänzt wird. Wegen der Stetigkeit an der Stelle $r = 1$ folgt damit, daß sich auch in einer Umgebung ($r < 1$) die Stabilitätseigenschaften fortsetzen.

Ist der Fixpunkt der Replikatordynamik stabil und damit $\det J > 0$ sowie $\text{spur} J < 0$, so ist weiters offensichtlich, daß das charakteristische Polynom bei abnehmendem Anteil r nach oben verschoben wird, wodurch sich die Nullstelle mit dem maximalen Realteil monoton nach rechts verschiebt und damit an einer Stelle zwischen 1 und 0 einen positiven Wert annimmt. Das impliziert jedoch, daß der Fixpunkt der zugehörigen Dynamik instabil wird.

9.6 Programme

Die folgenden Programme ermöglichen die numerische Lösung der in dieser Arbeit vorgestellten Differentialgleichungen, sowie deren graphische Darstellung, mit Hilfe der Software Maple V3©.

4-dimensionale Replikatordynamik

```
with (linalg):
"A definiert die Auszahlungsmatrix"[3]
A:= matrix(4,4,[3,-3,3,-3,8,-1.5,0,0,2,-1,2,-1,7,-1,-1,-1]);
f:= x -> multiply(x,A,transpose(x))[1,1]:
r:= (u,v,x,y) -> matrix(1,4,[u,v,x,y]):
l:= (u,v,x,y) -> matrix(4,1,[u,v,x,y]):
"T definiert das Zeitintervall [0,T], s die Schrittweite"
T:=800: s:=1/2: k:= [seq(i*s, i=1..T)]:
S:= dsolve({
diff(z1(t),t)=z1(t)*(multiply(A,l( z1(t),z2(t),z3(t),z4(t)))[1,1]
- f(r(z1(t),z2(t),z3(t),z4(t)))),
diff(z2(t),t)=z2(t)*(multiply(A,l( z1(t),z2(t),z3(t),z4(t)))[2,1]
- f(r(z1(t),z2(t),z3(t),z4(t)))),
diff(z3(t),t)=z3(t)*(multiply(A,l( z1(t),z2(t),z3(t),z4(t)))[3,1]
```

[3] Ausrufungszeichen kennzeichnen Textregionen, eingerückte Passagen kennzeichnen Maple-Output.

```
- f(r(z1(t),z2(t),z3(t),z4(t)))),
diff(z4(t),t)=z4(t)*(multiply(A,l( z1(t),z2(t),z3(t),z4(t)))[4,1]
- f(r(z1(t),z2(t),z3(t),z4(t)))),
z1(0)=.1, z2(0)=.2, z3(0)=.3, z4(0)=.4}, {z1(t),z2(t),z3(t),z4(t)},
type=numeric, method=rkf45, value=array(k)):
[S[1,1][1],S[1,1][2],S[1,1][3],S[1,1][4],S[1,1][5]];
```

$$A := \begin{bmatrix} 3 & -3 & 3 & -3 \\ 8 & -1.5 & 0 & 0 \\ 2 & -1 & 2 & -1 \\ 7 & -1 & -1 & -1 \end{bmatrix}$$

$$[t, \mathrm{z1}(t), \mathrm{z2}(t), \mathrm{z3}(t), \mathrm{z4}(t)]$$

```
"Graph der Zeitpfade der einzelnen Häufigkeiten"
g1:= [ ]:g2:= [ ]:g3:= [ ]:g4:= [ ]:
for i from 1 by 1 to 100 do
g1:=[op(g1), S[2,1][i,1],S[2,1][i,2] ]: g2:=[op(g2), S[2,1][i,1],S[2,1][i,3] ]:
g3:=[op(g3), S[2,1][i,1],S[2,1][i,5] ]: g4:=[op(g4), S[2,1][i,1],S[2,1][i,4] ]:
od:
plot({g1,g2,g3,g4});
g:= [ ]:
for i from 1 by 1 to T do
g:=[op(g), S[2,1][i,2],S[2,1][i,3] ]; od:
plot(g,0.. 1,0.. 1);
"Orbit"
g := [seq([S[2,1][i,3],S[2,1][i,4],S[2,1][i,2]],i=1..T)]:
xy:=[[0,1,0],[1,0,0]]:xz:=[[0,0,1],[1,0,0]]:yz:=[[0,1,0],[0,0,1]]:
with(plots):spacecurve({g,xy,xz,yz},axes=normal,tickmarks=[2,2,2]);
```

Replikatordynamik eines Bimatrix-Spiels

```
with (linalg):
"A, B = Auszahlungsmatrix für den Zeilen-/Spaltenspieler"
B:= matrix(2,2,[1,4,3,2]); A:= matrix(2,2,[4,2,1,3]);
"T definiert das Zeitintervall [0,T], s die Schrittlänge"
T:=80: s:=1/5: k:= [seq(i*s, i=1..T)]:
"Orbits für unterschiedliche Anfangsbedingungen"
S1:= dsolve({
diff(z1(t),t)=z1(t)*(1-z1(t))*
(A[1,2]-A[2,2]-(A[1,2]+A[2,1]-A[1,1]-A[2,2])*z2(t)),
diff(z2(t),t)=z2(t)*(1-z2(t))*
(B[1,2]-B[2,2]-(B[1,2]+B[2,1]-B[1,1]-B[2,2])*z1(t)),
z1(0)=.5, z2(0)=.18}, {z1(t),z2(t)},
type=numeric, method=rkf45, value=array(k)):
S2:= dsolve({
diff(z1(t),t)=z1(t)*(1-z1(t))*
(A[1,2]-A[2,2]-(A[1,2]+A[2,1]-A[1,1]-A[2,2])*z2(t)),
diff(z2(t),t)=z2(t)*(1-z2(t))*
(B[1,2]-B[2,2]-(B[1,2]+B[2,1]-B[1,1]-B[2,2])*z1(t)),
z1(0)=.5, z2(0)=.1}, {z1(t),z2(t)},
```

$$B := \begin{bmatrix} 1 & 4 \\ 3 & 2 \end{bmatrix}$$

$$A := \begin{bmatrix} 4 & 2 \\ 1 & 3 \end{bmatrix}$$

```
"Orbit"
g1 := [seq([S1[2,1][i,3],S1[2,1][i,2]],i=1..T)]:
g2 := [seq([S2[2,1][i,3],S2[2,1][i,2]],i=1..T)]:
plot({g1,g2},axes=boxed,color=black);
```

```
"Graph der Zeitpfade der einzelnen Häufigkeiten"
g1:= [ ]:
for i from 1 by 1 to T do
g1:=[op(g1), S1[2,1][i,1],S[2,1][i,2] ]: od:
plot(g1);
```

Hyperzyklus

```
with (linalg):
"A definiert die Auszahlungsmatrix"
A:= matrix(4,4,[0,0,0,1,2,0,0,0,0,1,0,0,0,0,2,0]);
f:= x -> multiply(x,A,transpose(x))[1,1]:
r:= (u,v,x,y) -> matrix(1,4,[u,v,x,y]):
l:= (u,v,x,y) -> matrix(4,1,[u,v,x,y]):
"T definiert das Zeitintervall [0,T], s die Schrittweite"
T:=800: s:=1/2: k:= [seq(i*s, i=1..T)]:
S:= dsolve({
diff(z1(t),t)=z1(t)*(multiply(A,l( z1(t),z2(t),z3(t),z4(t)))[1,1]
- f(r(z1(t),z2(t),z3(t),z4(t)))),
diff(z2(t),t)=z2(t)*(multiply(A,l( z1(t),z2(t),z3(t),z4(t)))[2,1]
- f(r(z1(t),z2(t),z3(t),z4(t)))),
diff(z3(t),t)=z3(t)*(multiply(A,l( z1(t),z2(t),z3(t),z4(t)))[3,1]
- f(r(z1(t),z2(t),z3(t),z4(t)))),
diff(z4(t),t)=z4(t)*(multiply(A,l( z1(t),z2(t),z3(t),z4(t)))[4,1]
- f(r(z1(t),z2(t),z3(t),z4(t)))),
z1(0)=.1, z2(0)=.2, z3(0)=.3, z4(0)=.4}, {z1(t),z2(t),z3(t),z4(t)},
type=numeric, method=rkf45, value=array(k)):
[S[1,1][1],S[1,1][2],S[1,1][3],S[1,1][4],S[1,1][5]];
```

$$A := \begin{bmatrix} 0 & 0 & 0 & 1 \\ 2 & 0 & 0 & 0 \\ 0 & 1 & 0 & 0 \\ 0 & 0 & 2 & 0 \end{bmatrix}$$

$$[t, \mathrm{z1}(t), \mathrm{z2}(t), \mathrm{z3}(t), \mathrm{z4}(t)]$$

```
"Graph der Zeitpfade der einzelnen Häufigkeiten"
g1:= [ ]:g2:= [ ]:g3:= [ ]:g4:= [ ]:
for i from 1 by 1 to 100 do
g1:=[op(g1), S[2,1][i,1],S[2,1][i,2] ]: g2:=[op(g2), S[2,1][i,1],S[2,1][i,3] ]:
g3:=[op(g3), S[2,1][i,1],S[2,1][i,5] ]: g4:=[op(g4), S[2,1][i,1],S[2,1][i,4] ]:
od:
plot({g1,g2,g3,g4});
g:= [ ]:
for i from 1 by 1 to T do
g:=[op(g), S[2,1][i,2],S[2,1][i,3] ]: od:
plot(g,0.. 1,0.. 1);
"Orbit"
g := [seq([S[2,1][i,3],S[2,1][i,4],S[2,1][i,2]],i=1..T)]:
xy:=[[0,1,0],[1,0,0]]:xz:=[[0,0,1],[1,0,0]]:yz:=[[0,1,0],[0,0,1]]:
with(plots):spacecurve({g,xy,xz,yz},axes=normal,tickmarks=[2,2,2]);
```

Heterogenes Lernverhalten

```
"Stabiler Zyklus im Inneren des Simplex"
with (linalg): m:=.4: B:= matrix(3,3,[0,1,-m,-m,0,1,1,-m,0]);
f:= (x,y) ->multiply(x,B,transpose(y))[1,1]:
q:=.5: v:= x-> q-x: r:= (x,y,z) -> matrix(1,3,[x,y,z]):
```

```
l:= (x,y,z) -> matrix(3,1,[x,y,z]): h:= i->i: n:=.8: k:= [seq(i/3, i=1..500)]:
"Orbit 1"
S:= dsolve({
diff(x(t),t) = q*u(t) - (1-q)*x(t),
diff(y(t),t) = q*z(t) - (1-q)*y(t),
diff(z(t),t) =
z(t)*(multiply(B,l( z(t)+y(t), w(t)+v(y(t)+x(t)), u(t)+x(t) ))[1,1]-
f(r(z(t),w(t),u(t))/(1-q),r( z(t)+y(t),w(t)+v(y(t)+x(t)),u(t)+x(t) ))),
diff(w(t),t) =
w(t)*(multiply(B,l(z(t)+y(t),w(t)+v(y(t)+x(t)),u(t)+x(t)))[2,1]-
f(r(z(t),w(t),u(t))/(1-q),r( z(t)+y(t),w(t)+v(y(t)+x(t)),u(t)+x(t) ))),
diff(u(t),t) =
u(t)*(multiply(B,l(z(t)+y(t),w(t)+v(y(t)+x(t)),u(t)+x(t)))[3,1]-
f(r(z(t),w(t),u(t))/(1-q),r( z(t)+y(t),w(t)+v(y(t)+x(t)),u(t)+x(t) ))),
x(0)=q*.8, y(0)=q*.1, z(0)=(1-q)*.1, w(0)=(1-q)*.2, u(0)=(1-q)*.7},
{x(t), y(t), z(t), w(t), u(t)},
numeric, method=dverk78, value=array(k)):
"Orbit 2"
T:= dsolve({
diff(x(t),t) = q*u(t) - (1-q)*x(t),
diff(y(t),t) = q*z(t) - (1-q)*y(t),
diff(z(t),t) =
z(t)*(multiply(B,l( z(t)+y(t) , w(t)+v(y(t)+x(t)) , u(t)+x(t) ))[1,1]-
f(r(z(t),w(t),u(t))/(1-q),r( z(t)+y(t),w(t)+v(y(t)+x(t)),u(t)+x(t) ))),
diff(w(t),t) =
w(t)*(multiply(B,l(z(t)+y(t),w(t)+v(y(t)+x(t)),u(t)+x(t)))[2,1]-
f(r(z(t),w(t),u(t))/(1-q),r( z(t)+y(t),w(t)+v(y(t)+x(t)),u(t)+x(t) ))),
diff(u(t),t) =
u(t)*(multiply(B,l(z(t)+y(t),w(t)+v(y(t)+x(t)),u(t)+x(t)))[3,1]-
f(r(z(t),w(t),u(t))/(1-q),r( z(t)+y(t),w(t)+v(y(t)+x(t)),u(t)+x(t) ))),
```

```
x(0)=q*.33, y(0)=q*.33, z(0)=(1-q)*.3, w(0)=(1-q)*.4, u(0)=(1-q)*.3},
{x(t), y(t), z(t), w(t), u(t)},
numeric, method=dverk78, value=array(k)):
r:=i->S[1,1][i]: q:=vector(6,r):
```

$$B := \begin{bmatrix} 0 & 1 & -.4 \\ -.4 & 0 & 1 \\ 1 & -.4 & 0 \end{bmatrix}$$

```
"Darstellung der beiden Orbits"
g:= [ ]: h:= [ ]:
for i from 1 by 1 to 500 do
g:=[op(g), S[2,1][i,2],S[2,1][i,4] ]: h:=[op(h), T[2,1][i,2],T[2,1][i,4] ]: od:
plot(g,h);
```

Literaturverzeichnis

[1] Amann, E. (1987), "Permanence in Population Dynamics", in Bothe H., W. Ebeling, A. Kurzhanski, M.Peschel (Hrsg.): *Dynamical Systems and Environmental Models*, Akademie-Verlag, Berlin.

[2] Amann, E. (1997), "Evolutionary Dynamics with Heterogeneous Agents" Wirtschaftstheoretische Diskussionsbeiträge Universität Dortmund, Nr.97-03.

[3] Amann, E., Hofbauer, J. (1986), "Permanence in Lotka-Volterra and Replicator Equations", in Ebeling W., M.Peschel (Hrsg.): *Lotka-Volterra Approach to Cooperation and Competition in Dynamic Systems*, Akademie-Verlag, Berlin.

[4] Amann, E., Korn, E. (1997), "How to optimize if you can't" Wirtschaftstheoretische Diskussionsbeiträge Universität Dortmund, Nr.97-04.

[5] Amann, E., Korn, E., Yang, C.L. (1996), "To be or not to be ... elitist" Wirtschaftstheoretische Diskussionsbeiträge Universität Dortmund, Nr.96-01.

[6] Amann, E., Yang, C.L. (1998), "Sophistication and the Persistence of Cooperation", *Journal of Economic Behavior and Organization*, **37**, 91-105.

[7] Axelrod, R. (1984), *The Evolution of Cooperation*. New York: Basic Books.

[8] Banerjee, A. (1992), "A Simple Model of Herd Behavior", *Quarterly Journal of Economics*, **107**, 797-817.

[9] Banerjee, A., Weibull, J.W. (1992), "Evolution and Rationality: Some Recent Game-Theoretic Results", *Proceedings from the Tenth World Congress of the International Economic Association*. Oxford: Blackwell.

[10] Banerjee, A., Weibull, J.W. (1993), "Evolutionary Selection with Discriminating Players", WP 1637, Department of Economics, Harvard University.

[11] Becker, G.S. (1974), "A Theory of Social Interaction", *Journal of Political Economy*, **82**, 1063-93.

[12] Becker, G.S. (1975), *Human Capital: A Theoretical and Empirical Analysis, with Special Reference to Education*, 2d ed. New York and London: Columbia University Press.

[13] Becker, G.S., Tomes, N. (1976), "Child endowments and the quantity and quality of children", *Journal of Political Economy*, **84**.

[14] Behrman, J.R., Pollak, R.A., Taubman, P. (1982), "Parental preferences and provision for progeny", *Journal of Political Economy*, **90** (1), 52-73.

[15] Benoit, J.P., Krishna, V. (1985), "Finitely Repeated Games", *Econometrica*, **53**, 905-22.

[16] Bernheim, B.D. (1984), "Rationalizable Strategic Behavior", *Econometrica*, **52**, 1007-28.

[17] Binmore, K. (1992), *Fun and Games*, DC Heath.

[18] Binmore, K., Samuelson, L. (1992), "Evolutionary Stability in Repeated Games Played by Finite Automata", *Journal of Economic Theory*, **57**, 278-305.

[19] Blume, L., Easley, D. (1993), "What have we learned from rational learning?" in Kirman A., M. Salmon (Hrsg.): *Learning and Rationality in Economics*, Blackwell, London.

[20] Bomze, I.M., van Damme, E. (1992), "A Dynamical Characterization of Evolutionarily Stable States", *Annals of Operations Research*, **37**, 229-244.

[21] Brown, G.W. (1951), "Iterative Solution of Games by Fictitious Play", in T.C.Koopmans (Hsg.): *Activity Analysis of Production and Allocation*, pp. 374-76, Wiley, NY.

[22] Cheung, Y.-W., Friedman, D. (1997), "Individual Learning in Normal Form Games: Some Laboratory Results", *Games and Economic Behavior*, **19**, 46-76.

[23] Cooper, R., DeJong, D., Forsythe, R., Ross, T. (1996), "Cooperation without Reputation: Experimental Evidence from Prisoner's Dilemma Games", *Games and Economic Behavior*, **12**, 187-218.

[24] Cournot, A. (1938), *Recherches sur les Principes Mathématiques de la Théorie des Richesses*, Paris: Hachette.

[25] Cressman, R. (1994), "Evolutionary Stability in the Finitely Repeated Prisoner's Dilemma Game", Diskussionsbeitrag, Department of Mathematics, Wilfiried Laurier University, Ontario.

[26] Cressman, R. (1994), "Evolutionary Game Theory with Two Groups of Individuals", *Games andEconomic Behavior*, **11**, 237-53.

[27] Cressman, R. (1997), "Local Stability of Smooth Selection Dynamics for Normal Form Games", *Math. Soc. Sci.*, **34**, 1-20.

[28] van Damme, E. (1987), *Stability and Perfection of Nash Equilibria*, Berlin, Springer Verlag.

[29] Darwin, Ch. (1859), *On the Origin of Species by Means of Natural Selection*, Cambridge-London. Reprinted in Harvard University Press (1964).

[30] Debreu, G. (1959), *Theory of Value: An axiomatic analysis of economic equilibrium*, Wiley, New York.

[31] Edgeworth, F.Y. (1981), *Mathematical Psychics*, Routledge, London.

[32] Erev, I., Roth, A.E. (1995), "Learning in Extensive-Form Games: Experimental Data and Simple Dynamic Models in the Intermediate Term", *Games and Economic Behavior*, **8**, 164-212.

[33] Fagin, R., Halpern, J.Y., Moses, Y., Vardi, M.Y. (1995), *Reasoning about Knowledge*, The MIT Press, Massachusetts.

[34] Frank, R.H. (1987), "If *Homo Economicus* Could Choose His Own Utility Function, Would He Want One with a Conscience?", *American Economic Review*, **77**, 593-604.

[35] Frank, R.H. (1988), *Passions within Reasons. The Strategic Role of the Emotions.* New York: Norton.

[36] Friedman, J.W. (1983), *Oligopoly Theory*, Cambridge University Press.

[37] Friedman, J.W. (1986), *Game Theory with Applications to Economics*, Oxford University Press.

[38] Friedman, D. (1991), "Evolutionary Games in Economics", *Econometrica,* **59**, 637-66.

[39] Fudenberg, D., Maskin, E. (1986), "The Folk Theorem in Repeated Games with Discounting or with Incomplete Information", *Econometrica,* **54**, 533-56.

[40] Fudenberg, D., Maskin, E. (1990), "Evolution and Cooperation in Noisy Repeated Games", *American Economic Review,* **80**, 274-70.

[41] Gilboa I., Matsui, A. (1991), "Social Stability and Equilibrium", *Econometrica,* **59**, 859-67.

[42] Haldane, J. (1932), *The Causes of Evolution,* New York, Harper and Row.

[43] Hardy, G. (1908), "Mendelian Proportions in a Mixed Population", *Science,* **28**, 49-50.

[44] Harrington, J.E. (1989), "If *Homo Economicus* Could Choose His Own Utility Function, Would He Want One with a Conscience?: Comments", *American Economic Review,* **79**, 588-93.

[45] Harsanyi, J. (1968), "Games with incomplete Information played by 'Bayesian' Players" Part I, *Managment Science,* **14**, 159-182.

[46] Harsanyi, J. (1973), "Games with Randomly Distributed Payoffs: A New Rational for Mixed-Strategy Equilibrium Points", *International Journal of Game Theory,* **2**, 1-23.

[47] Hirsch, M., Smale, S. (1974), *Differential Equations, Dynamical Systems, and Linear Algebra,* Academic Press.

[48] Hirshleifer, J., Martinez Coll, J.C. (1991), "The Limits of Reciprocity", *Rationality and Society,* **3**, 35-64.

[49] Hofbauer, J. (1981), "A General Cooperation Theorem for Hypercycles", *Monatshefte Mathematik,* **91**, 233-40.

[50] Hofbauer, J., Sigmund, K. (1984), *Evolutionstheorie und dynamische Systeme: Mathematische Aspekte der Selektion,* Paul Parey.

[51] Hofbauer, J., Sigmund, K. (1988), *The Theory of Evolution and Dynamical Systems,* Cambridge University Press.

[52] Holländer, H. (1990), "A Social Exchange Approach to Voluntary Cooperation," *American Economic Review*, **80**, 1157-67.

[53] Holländer, H. (1994), "The Demand for a Fair Share: An Evolutionary Explanation." Diskussionsbeitrag.

[54] Jordan, J.S. (1991), "Bayesian Learning in Normal Form Games." *Games and Economic Behavior*, **3**, 60-81.

[55] Kahneman, D., Tversky, A. (1986), "Rational Choice and the Framing of Decisions." *Journal of Business*, **59**, 251-78.

[56] Kalai, E., Lehrer, E. (1993), "Rational Learning Leads to Nash Equilibrium." *Econometrica*, **61**, 1019-45.

[57] Kandori, M. (1992), "Social Norms and Community Enforcement", *Review of Economic Studies*, **59**, 63-80.

[58] Kreps, D. M., Milgrom, P., Roberts, J., Wilson, R. (1982), "Rational Cooperation in the Finitely Repeated Prisoners' Dilemma", *Journal of Economic Theory*, **27**, 245-52.

[59] Lewis, D. (1975), *Konventionen*, Berlin, New York, Walter de Gruyter.

[60] Luce, R.D., Raiffa, H. (1957), *Games and Decision: Introduction and Critical Survey*, New York, Wiley.

[61] Mailath, G. J. (1992), "Introduction: Symposium on Evolutionary Game Theory", *Journal of Economic Theory*, **57**, 259-77.

[62] Matsui, A. (1991), "Best Response Dynamics and Socially Stable Strategies", *Journal of Economic Theory*, **57**, 343-62.

[63] Maynard Smith, J. *The Theory of Evolution*, Harmondsworth, Penguin Books.

[64] McNeil, B.J., Pauker, S.G., Sox, H.C., Tversky, A. (1982), "On the Elicitation of Preferences for Alternative Therapies", *New England Journal of Political Economy*, **306**, 1259-62.

[65] Mendel, G. (1865), "Versuche über Pflanzen-Hybriden", *Verhandlungen des Naturforscher-Vereins in Brünn*, **10**, 3-47.

[66] Milgrom, P., North, D., Weingast, B. (1990), "The Role of Institutions in the Revival of Trade: The Law Merchant, Private Judges, and the Champagne Fairs", *Economics and Politics*, **2**, 1-23.

[67] Nachbar, J. (1990), "Evolutionary Selection Dynamics in Games: Convergence and Limit Properties", *International Journal of Game Theory*, **19**, 59-89.

[68] Nash, J. (1950), "Equilibrium Points in n-Person Games", Proc. Nat. Acad. Sci. U.S.A. , **36**, 48-49.

[69] von Neumann, J. (1928), "Zur Theorie der Gesellschaftsspiele", *Mathematische Annalen*, Bd.**100**, S.295-320.

[70] von Neumann, J., Morgenstern, O. (1944), *Theory of Games and Economic Behavior*, Princeton University Press, Princeton.

[71] Olson, M. (1965), *The logic of Collective Action. Public Goods and the Theory of Groups*, Harvard University Press, Cambridge, MA.

[72] Pearce, D. (1984), "Rationalizable Strategic Behavior and the Problem of Perfection", *Econometrica*, **52**, 1029-50.

[73] Ritzberger, K. Weibull,, J.W. (1993), "Evolutionary Selection in Normal-Form Games" *Econometrica*, **63**, 1371-1399.

[74] Robson, A.J. (1990), "Efficiency in evolutionary games: Darwin, Nash and the Secret Handshake", *Journal of Theoretical Biology*, **144**, 379-96.

[75] Samuelson, L., Zhang, J. (1992) "Evolutionary stability in asymmetric games", *Journal of Economic Theory* **57**, 363-91.

[76] Sauermann, H., Selten, R. (1962), "Anspruchsanpassungstheorie der Unternehmung", *Zeitschrift für die gesamte Staatswissenschaft*, **118**, 577-97.

[77] Schlag, K.H. (1998), "Why Imitate, and if so, how? Exploring a Model of Social Evolution", *Journal of Economic Theory*, **78**, 130-156.

[78] Selten, R. (1965), "Spieltheoretische Behandlung eines Oligopolmodells mit Nachfrageträgheit", *Zeitschrift für die gesamte Staatswissenschaft*, **121**, 301-24.

[79] Selten, R. (1990), "Bounded Rationality." *Journal of Institutional and Theoretical Economics*, **146**, 649-658.

[80] Selten, R. (Ed.) (1991), *Game Equilibrium Models I: Evolution and Game Dynamics*, Springer Verlag, Berlin.

[81] Shapley, L. (1964), "Some Topics in Two-Person Games", in M. Dresher, L.S. Shapley, A.W. Tucker (Hsg.): *Advances in Game Theory*, Princeton University Press, NJ.

[82] Simon, H.A. (1957), *Models of Man: Social and Rational*, New York, John Wiley & Sons.

[83] Smith, A. (1776), *An inquiry into the nature and causes of the wealth of nations*, Strahan and Cadell, London. Reprinted in Clarendon, Oxford (1976).

[84] Stahl, D.O. (1993), "Evolution of Smart$_n$ Players", *Games and Economic Behavior*, **5** pp.604-17.

[85] Taylor, P.D., Jonker, L.B. (1987), "Evolutionary Stable Strategies and Dynamic Games", *Mathematical Biosciences*, **40**, 145-56.

[86] Vega-Redondo, F. (1997), "The Evolution of Walrasian Behavior", *Econometrica*, **65**, 375-84.

[87] Vriend, N.J. (1996), "Rational Behavior and Economic Theory", *Journal of Economic Behavior and Organization*, **29**, 263-85.

[88] Weibull, J.W. (1995). *Evolutionary Game Theory*, Cambridge, The MIT Press.

[89] Weinberg, W. (1908), "Über den Nachweis der Erblichkeit", *Jahrb. Ver. Vaterl. Naturk. Würtemberg*, **64**, 368-82.

[90] Yang, C.-L. (1993), "Evolution of Cooperation in Prisoners' Dilemma Game with a Knowledgeable Mutant", Wirtschaftstheoretische Diskussionsbeiträge Universität Dortmund, Nr. 93-09.

Index

Studies in Contemporary Economics

E. Baltensperger, H. Milde
Theorie des Bankverhaltens
1987. ISBN 3-540-18214-4

H. Siebert (Hrsg.)
Umweltschutz für Luft und Wasser
1988. ISBN 3-540-19171-2

S. Homburg
Theorie der Alterssicherung
1988. ISBN 3-540-18835-5

P. J. J. Welfens
Internationalisierung von Wirtschaft und Wirtschaftspolitik
1990. ISBN 3-540-52511-4

A. J. H. C. Schram
Noter Behavior in Economic Perspective
1991. ISBN 3-540-53650-7

W. Franz (Ed.)
Structural Unemployment
1992. ISBN 3-7908-0605-6

A. Haufler
Commodity Tax Harmonization in the European Community
1993. ISBN 3-7908-0714-1

G. Rübel (Hrsg.)
Perspektiven der Europäischen Integration
1994. ISBN 3-7908-0791-5

G. Steinmann, R. E. Ulrich (Eds.)
The Economic Consequences of Immigration to Germany
1994. ISBN 3-7908-0796-6

F. P. Lang, R. Ohr (Eds.)
International Economic Integration
1995. ISBN 3-7908-0861-X

N. Schulz
Unternehmensgründungen und Markteintritt
1995. ISBN 3-7908-0854-7

G. Maier
Spatial Search
1995. ISBN 3-7908-0874-1

B. Huber
Optimale Finanzpolitik und zeitliche Inkonsistenz
1996. ISBN 3-7908-0906-3

F. P. Lang, R. Ohr (Eds.)
Openness and Development
1996. ISBN 3-7908-0958-6

M. Lechner
Training the East German Labour Force
1998. ISBN 3-7908-1091-6

G. Erber, H. Hagemann, S. Seiter
Zukunftsperspektiven Deutschlands im internationalen Wettbewerb
1998. ISBN 3-7908-1108-4

H. Zimmermann
State-Preference Theorie und Asset Pricing
1998. ISBN 3-7908-1150-5

B. Lucke
Theorie und Empirie realer Konjunkturzyklen
1998. ISBN 3-7908-1148-3

E. Amann
Evolutionäre Spieltheorie
1999. ISBN 3-7908-1207-2

GPSR Compliance

The European Union's (EU) General Product Safety Regulation (GPSR) is a set of rules that requires consumer products to be safe and our obligations to ensure this.

If you have any concerns about our products, you can contact us on ProductSafety@springernature.com

In case Publisher is established outside the EU, the EU authorized representative is:

Springer Nature Customer Service Center GmbH
Europaplatz 3
69115 Heidelberg, Germany

Batch number: 10815974

Printed by Printforce, the Netherlands